本书为国家社科基金项目“基于自然利率的地方政府专项债定价机制研究”（项目批准号：20BJY253）阶段性成果。

地方政府重大产业平台
招商引资体制机制改革研究

DIFANG ZHENGFU ZHONGDA CHANYE PINGTAI
ZHAOSHANG YINZI TIZHI JIZHI GAIGE YANJIU

邹国伟 著

暨南大学出版社
JINAN UNIVERSITY PRESS

中国·广州

图书在版编目（CIP）数据

地方政府重大产业平台招商引资体制机制改革研究/邹国伟著．—广州：暨南大学出版社，2023.9
ISBN 978－7－5668－3745－5

Ⅰ.①地… Ⅱ.①邹… Ⅲ.①地方政府—外资利用—研究—中国 Ⅳ.①F832.6

中国国家版本馆CIP数据核字(2023)第126511号

地方政府重大产业平台招商引资体制机制改革研究
DIFANG ZHENGFU ZHONGDA CHANYE PINGTAI ZHAOSHANG YINZI TIZHI JIZHI GAIGE YANJIU
著　者：邹国伟

出 版 人：张晋升
责任编辑：冯　琳　林　琼
责任校对：刘舜怡　林玉翠
责任印制：周一丹　郑玉婷

出版发行：暨南大学出版社（511443）
电　　话：总编室（8620）37332601
　　　　　营销部（8620）37332680　37332681　37332682　37332683
传　　真：（8620）37332660（办公室）　37332684（营销部）
网　　址：http：//www.jnupress.com
排　　版：广州尚文数码科技有限公司
印　　刷：广州市友盛彩印有限公司
开　　本：787mm×1092mm　1/16
印　　张：13.5
字　　数：206千
版　　次：2023年9月第1版
印　　次：2023年9月第1次
定　　价：59.80元

前 言

一、研究背景

为深入贯彻落实中共中央、国务院《关于加快建设全国统一大市场的意见》，持续优化营商环境，依法开展招商引资活动，防止招商引资恶性竞争行为，以优质的制度供给和制度创新吸引更多优质企业投资。粤港澳大湾区各地政府坚持“制造业当家”，抢抓“双区”建设和“一核一带一区”建设重大历史机遇，加快形成创新型现代产业集群，协同打造新发展格局战略支点，扎实开展重大平台“头号工程”建设，先后出台高质量发展、重大产业平台建设以及招商引资等相关文件。如位居珠三角黄金内湾的中山市，深中通道建成通车指日可待，南中城际呼啸而来，历史再次垂青这个与深圳只有一江之隔的城市。为紧抓历史发展机遇，中山市委市政府要求“一年规划、五年建设、十年成型”，立足产业基础、区位优势、资源条件和环境承载力，全力破解产业发展小散乱等问题，通过全市“一盘棋”和跨镇街统筹，推动空间提质，促进结构优化，通过产业升级倒逼动能转换、“补链强链”，着力提升中山市高端产业和资源要素集聚能力，集中资源打造火炬高技术产业开发区（产业园）、翠亨新区（产业园）、岐江新城、香山新城、中山科学城、西部产业园、北部产业园等重大产业平台，进一步延伸产业链、提升价值链、融通供应链，加快推动产业链转型升级、做强做优做大重点产业，为全市高质量发展和积极融入粤港澳大湾区建设提供有力支撑。

重大产业平台的建设涉及规划设计、政策研究、土地整备、招商引资、工程建设、开发管理和产业培育等一系列重点工作。负责招商引资的指挥部门、参谋部门和作战部门，如何实施产业“链接”才能实现落地制胜？如何擦亮现有国家级、省级产业平台招牌，实现扩容扩区，实施“靶向招商”和“补链招商”协同推进，强化专业招商、精准招商，招大商、招好商？如何全力打造优质高效营商环境，切实打通项目引进落地“最后一公里”？想要解开以上招商体制工作之困，需迫切启动新一轮“刀刃向内”“自我革命”的招商体制改革。因此，招商引资体制机制改革工作已经刻不容缓，势在必行。

二、研究内容

本书研究内容主要分以下三个方面：

一是梳理地方政府重大产业平台招商引资工作体制现状和存在问题，找出当前招商引资工作运行过程中的堵点和难点。

二是收集粤港澳大湾区、长三角重点城市重大产业平台（产业园）招商引资工作体制相关资料，系统分析国内重大产业平台招商引资工作的成功经验及做法，为地方政府重大产业平台的招商引资工作提供经验借鉴和决策参考。

三是深入调查研究，提出契合地方政府需求的重大平台招商引资工作体制改革思路。

三、本书结构与数据说明

本书以我国地方政府招商引资体制机制改革研究为主线，分上、中、下三编。

上编基于大量的实地调研，以广东省中山市为例对改革思路进行验证，并提出《地方政府重大产业平台招商引资体制机制改革研究》总报告。

中编围绕地方政府重大产业平台招商引资的共性问题和特性问题，分别提出平台产业链招商、资本招商、“标准地”招商、低效工业厂房升级招商等实施方案，为地方政府开展专项招商提供决策参考。

下编针对地方政府开展重大产业平台招商引资体制机制改革的痛点和堵点，面向国内外寻找同类型产业平台的改革经验做法，为本研究和各专项改革实施方案提供案例参考，借他山之石以攻玉。

全书力求简明扼要，突出主要逻辑和重点观点。因地方政府招商引资工作涉及方方面面，改革工作牵一发而动全身，本书无法穷尽所有的做法及案例，因此采用个案剖析的方法，以粤港澳大湾区黄金内湾交通要道上的中山市为切入点展开研究，以期管中窥豹，可见一斑。

一份关于地方政府重大产业平台招商引资体制机制改革的专项研究报告将成为各地政府招商工作的指南和教科书，而且还应配备相应的重点招商实施方案和国内外值得借鉴的好做法、好点子，以期起到为招商队伍提供按图索骥的帮助，为地方执政领导提供决策参考的作用。

由于改革工作持续推进，本书出版之日或有部分措施建议已被地方政府采纳或已实施；又由于招商引资工作日新月异，数据统计或有迟延。笔者成稿于 2022 年底，如无特殊说明，书中数据更新至写作截稿之日。

感谢参与调研的项目组成员，他们是华南农业大学的邵爽博士、华南师范大学的陈寒博士、中山大学的谭颖博士、广东省和融智库研究院的都航助理研究员。

邹国伟

2023 年 6 月

目 录
CONTENTS

中编　地方政府重大产业平台招商引资体制机制改革实施方案——以广东省中山市为例

下编 地方政府重大产业平台招商引资体制机制改革案例分析

地方政府重大产业平台招商引资体制机制改革研究

——以广东省中山市为例

上编

第一章

中山市基本情况

中山市位于珠江三角洲中部偏南的西、北江下游出海处，北接广州市南沙区和佛山市顺德区，西邻江门蓬江区、新会区和珠海市斗门区，东南连珠海市，东隔珠江口伶仃洋，与深圳市和香港特别行政区相望。中山市行政管辖面积 1 783.67 平方千米。截至 2022 年末，中山市常住人口为 443.11 万人，城镇化率为 87.02%。中山市区位优势明显，经济发展基础良好，在招商引资工作中具有天然的区位优势和产业基础优势。中山市是全国 4 个不设区的地级市之一、珠三角中心城市之一、粤港澳大湾区重要节点城市、广东省地区性中心城市之一，连续多年保持广东省第 5 的经济总量，曾与顺德、南海、东莞一起被称为“广东四小虎”。但近年来受“土地碎片之困、产业升级之困、交通瓶颈之困、队伍建设之困”影响，中山市正面临着高质量崛起的各种挑战。2022 年，中山市实现地区生产总值（初步核算数）3 631.28 亿元，比上年增长 0.5%。中山市发出“加快高质量崛起”的号召，深入推进重大产业平台建设①、“三个年”② 建设，打响“六大战役”③。牢牢把握历史机遇④，以大格局谋划大发展，以大平台引育大产业，以大投资推动大建设，推动中山市从珠三角时代走向大湾区时代，从“轮渡”时代走向大桥时代，从江河时代走向海洋时代。

---

① 中山市提出要坚持以经济建设为中心，毫不动摇走制造业强市之路，举全市之力，建设总规划面积超 1 000 平方千米的重大产业平台，全力破解中山土地碎片化难题，全面提升产业承载力和综合竞争力，打造承接“双区”建设“黄金资源”的“金饭碗”。

② “三个年”，即交通攻坚年、项目落地年、稳企安商年。

③ “六大战役”，即交通基础设施建设、工业重点项目建设、美丽田园建设、黑臭水体整治、蓝天保卫战和政务服务环境大提升六项攻坚战。

④ 2024 年深中通道通车之际，是中山的高质量崛起之年。

第一节 重大产业平台基本情况

一、重大产业平台城市定位

中山市重大产业平台总规划面积达 1 002.73 平方千米，横跨 18 个镇街，覆盖全市约 56% 的国土面积，包括火炬高技术产业开发区（产业园）[①]、翠亨新区、岐江新城 3 个核心平台及 4 个万亩级重大产业平台。其中火炬开发区定位为城市副中心、深中深度合作示范区、中山经济发展主引擎、湾区西部创新发展标杆、中山对外合作的窗口；翠亨新区（产业园）着力构筑国际化现代化创新型滨海新城、粤港澳大湾区科创高地与文商旅目的地、粤港澳深度合作建设区；岐江新城全力打造成未来城市新中心、城市新客厅；香山新城将建成中山城市副中心、深中珠澳高端产业合作平台；中山科学城着力建成广中珠澳科技创新走廊核心平台、中山科技创新“新引擎”；中山西部产业园将建成粤港澳大湾区产业升级示范区、湾区西岸智能家居产业集聚区；中山北部产业园将建设成为广佛中融合发展先行试验区和大湾区智能制造产业高地。

二、重大产业平台基本情况

（一）火炬开发区（产业园）

发展方向：城市副中心、深中深度合作示范区、中山经济发展主引擎、湾区西部创新发展标杆、中山对外合作的窗口。

发展重点：先进装备制造、健康医药、光电、超高清视频、智能终端和信息技术应用创新等产业。

---

① 是国家级开发区，简称为“火炬开发区”。

包括区域：火炬开发区主体空间、民众街道全域。

（二）翠亨新区（产业园）

发展方向：国际化现代化创新型滨海新城、粤港澳大湾区科创高地与文商旅目的地、粤港澳深度合作建设区。

发展重点：新一代信息技术、生物医药、人工智能、数字经济、文化旅游与现代服务业等产业。

包括区域：马鞍岛全域、南朗街道的部分区域。

（三）岐江新城

发展方向：未来城市新中心、城市新客厅。

发展重点：总部经济、现代商贸、文化创意等产业，配置优质教育、医疗等公共服务设施，集聚国际型服务中枢、创智型总部基地、生态型文化新城三大功能，建设成为中山城市新客厅。

包括区域：火炬开发区、石岐街道、东区街道和港口镇的部分区域。

（四）香山新城

发展方向：中山城市副中心、深中珠澳高端产业合作平台。

发展重点：依托规划的中山南站推进站产城一体化开发，支持集中连片产业用地区域建设现代化高标准产业园区，加快培育发展新一代信息技术、生物医药与健康、文化旅游等产业，聚力打造城市副中心和粤港澳大湾区（珠西）高端产业合作平台。

包括区域：三乡镇、坦洲镇和神湾镇的部分区域。

（五）中山科学城

发展方向：广中珠澳科技创新走廊核心平台、中山科技创新“新引擎”。

发展重点：以中山科技创新园为核心，依托大科学装置、高端创新平台、科研院所等原始创新要素，集聚并承载全球优质科技创新资源，培育发展激光、新能源、新材料、人工智能、医疗器材等产业。

包括区域：南区街道、大涌镇与板芙镇的部分区域。

（六）中山西部产业园

发展方向：粤港澳大湾区产业升级示范区、湾区西岸智能家居产业集聚区。

发展重点：数字照明与智能家居、智能安防装备、装配式办公家具及设备制造、新一代电子信息、新材料等产业，推动工业互联网、创意设计等生产性服务业发展，打造湾区产业升级示范区、湾区西岸智能家居产业集聚区、中山市西部智造基地。

包括区域：小榄镇、古镇镇、横栏镇的部分区域。

（七）中山北部产业园

发展方向：广佛中融合发展先行试验区和大湾区智能制造产业高地。

发展重点：智能家电、芯片研发、电子信息、装备制造等先进制造业以及高端医疗、科教服务等现代服务业，打造成为广佛中融合发展先行试验区、湾区智能制造产业高地和公铁水联运枢纽为一体的产业平台。

包括区域：黄圃镇、三角镇的部分区域。

第二节　招商引资体制机制基本情况

一、招商体制改革历程

中山市招商引资工作大致可分为三个阶段：

第一阶段（2015 年以前）：内外贸招商引资各司其职。2015 年以前，由市外经贸局、工信局分别负责外资、内资招引工作。其中，2011 年成立市招商发展局，负责翠亨新区筹建工作；2011 年成立中山市招商服务中心，协助市招商发展局组织落实本市重点项目的招商引资工作，并负责本市各镇街投资（招商）服务中心的统筹协调与业务指导。

第二阶段（2015—2017 年）：商务部门统筹内外资招商工作。招商发展局于 2014 年 8 月并入市商务局，开启由市商务局统管招商的新阶段。2015—2017 年，市商务局初步统筹内外资招商引资工作。

第三阶段（2017 年以来）：市招商引资领导小组统筹全市招商引资工作。2017 年，根据市委、市政府关于构建“全域中山”的招商部署，为推动构建全市招商“一盘棋”，组建了以市政府主要领导为组长、分管副市长为副组长的市招商引资工作指挥部，统筹全市招商引资工作，相继搭建了市领导小组工作协调机制、重点招商项目专责工作小组、市镇两级联动招商机制、全市招商项目报送制度等。同时制定《镇区招商引资工作绩效考核办法》，厘清了部门、镇区、招商公司等部门的招商引资工作职责分工，将镇街招商引资工作纳入政府绩效考核，推动全市招商引资逐步走向规范化发展。其中，中山市于 2018 年组建了市招商发展有限公司，推动招商引资工作向市场化发展。这个阶段的特征是全市招商引资统筹力度加大，专业化水平提高。

二、招商引资成效

2015—2021年8月，中山市全市促成了1 519个招商引资项目签约，投资总额约4 235.18亿元；2017—2021年8月推动了1 252个招商引资项目动工，投资总额约1 800.47亿元。2022年1—8月，全市投资金额1 000万元以上签约项目170个，投资总额约277.43亿元，其中亿元以上项目73个、10亿元项目3个[①]；新动工项目181个，投资金额299.03亿元。

（1）项目收集研判方面。目前，全市主要通过市相关部门和各镇街招商部门、市招商公司及深圳、上海等联络处收集招商信息，筛选优质项目。通过部门（镇街）牵头，组织专家组对项目进行论证，或聘请第三方开展尽调，对项目进行研判。2022年1—8月，全市投资金额1 000万元以上的在谈项目206个，其中新一代信息技术项目97个，占比47.09%；高端装备制造业项目83个，占比40.29%；健康医药产业项目21个，占比10.19%；现代服务业项目5个，占比2.43%。从项目来源地看，其中来自广深的项目114个（深圳82个），占比56.16%；外资（包括港澳台）项目21个，占比10.34%。纳入重点跟进在谈项目约60个，总投资超620亿元。

（2）项目招引方面。目前，市招商办建立了全市招商引资管理系统，定期汇总全市1 000万元以上在谈、签约、动工项目，及时跟踪项目推进情况。市招商引资工作领导小组通过全市重点项目调度会，协调解决在谈重点项目推进中存在的问题，通过项目准入评审会审议项目准入相关事项，准入评审通过的项目由市土委会审议供地事项。从2019年至2021年第三季度，全市投资1 000万元以上签约项目798个，投资总额约2 028亿元。高端装备制造项目86个，占10.78%；生物医药项目36个，占4.51%；新一代信息技术项目67个，占8.40%。具体见表1－1。

① 3个10亿元以上项目分别为中山宝龙城、科大讯飞·凤鸣声谷、蓝晨科技生产研发基地。

表 1－1　2019—2021 年第三季度全市投资情况

分类	项目类型	项目数量（个）	数量占比（%）	投资额（亿元）	投资占比（%）
按投资额大小分	10 亿元以上	39	4.89	1 178	58.09
	5 亿元以上	78	9.77	1 423	70.17
	1 亿元以上	307	38.47	1 907	94.03
	1 000 万元以上	798	100.00	2 028	100.00
按项目产业类型分	高端装备制造	86	10.78	275	13.56
	生物医药	36	4.51	60	2.96
	新一代信息技术	67	8.40	219	10.80

资料来源：中山市商务局，和融智库研究院整理。

（3）项目质量方面。中山市出台《中山市招商引资意向供地项目（产业类）准入及审议工作规则》，将全市拟投资产业类供地项目的投产强度、产出强度、税收强度分别提高到 600 万元/亩、1 200 万元/亩和 60 万元/亩以上。课题组调研发现，截至 2021 年第三季度，全市已完成准入评审的项目中，平均固投强度 664.10 万元/亩，平均产值强度约 1 485.52 万元/亩，平均税收强度约 67.51 万元/亩。可见，中山高质量招商的政策效应已逐步显现。

（4）项目融投资方面。2018 年，中山市设立了一只总规模为 20 亿元的创新创业引导基金；2019 年，出台《中山市人民政府关于进一步促进企业上市的意见》（中府〔2019〕89 号），明确“企业采用买壳、借壳方式上市，并将上市公司注册地迁至本市的，给予一次性补助 200 万元”，“生产基地在本市的市外上市公司或外地上市公司将注册地、纳税登记迁入中山市的，给予一次性补助 200 万元”，加大对迁入中山市的上市公司给予扶持补助的力度。目前，正组建 50 亿元规模的中山市产业投资基金，首期 10 亿元，采用政府引导、市场化方式支持重大项目落户中山市。

（5）项目落地方面。近年来，全市围绕产业链“补链强链”精准招商，推动一批行业带动性强、技术领先的产业项目落户，如欧普、洲明、比亚迪、彩迅、英维克等；引进一批龙头标杆性企业，如石药集团、上海药科所、康方生物等；引进了新一代信息技术产业补链项目，如晶典芯片制造研发、得意电子、为勤电子元器件等；引进了一批具有国际领先技术的检验检测平台项目，如 VDE、必维、中科院药物创新研究院华南分院研发智造中心、中美冠科公共服务平台、利诚检测等。市工业和信息化局开发建设了“中山市重点工业项目推进管理系统”，将项目流程归纳成用地报批、土地出让、报建等 13 个阶段以及 33 个细分环节，各镇街、各有关部门在系统上填报项目进度，实时更新项目动态。目前，市政务服务数据管理局会同市自然资源、商务、发改、工信以及市招商公司，建立健全中山市产业项目全生命周期管理和服务机制，推动产业项目全生命周期管理服务跨部门、跨层级融通，提升产业项目落地效率。

（6）项目扶持方面。近年来，中山市在出台产业扶持及总部经济政策的同时，制定完善了招商引资系列配套政策①，明确项目准入标准，建立健全工业项目用地准入评审、土地利用年度指标管理、重大项目专项协调落地等工作机制，进一步规范了招商项目在对接、谈判、入库、流转、评审、管理、供地、动工、督导、考核等方面的“全流程”管理。同时，全市积极推进“证照分离”改革，实行“告知承诺制”，推动市场准入便利化。实行并联审批，优化行政审批服务。依托企业开办一网通办平台，实现企业开办全流程平均时间压缩至 1 个工作日内，最快不到 0.5 个工作日办结，企业开办各类事项已实现 100% 网上可办和“指尖可办”。市市场监管局商事登记业务窗口开设“绿色通道”专窗，对市重点项目“急事快办、特事先办、难事优办”，实施审批服务“容缺受理”机制，积极推行“一站式办理”。

---

① 包括利用外资政策、“三大产业”行动方案、《中山市招商引资项目引进管理办法》（2019 年修订）、《中山市镇区招商引资工作考核办法》（2019 年修订）、《中山市重点招商引资项目库管理办法》、《中山市产业项目流转实施办法》、《中山市重点招商引资项目奖励资金拨付管理办法》、《中山市商务发展专项资金（外商投资奖励项目）实施细则》、《中山市工业用地项目评审（供地前）工作指引》、《中山市高质量推进招商引资工作实施意见（2021—2023 年）》、《中山市招商引资意向供地项目（产业类）准入及审议工作规则》（2021 年修订）等。

第三节　主要存在问题

招商引资工作属于全局性工作，是全市经济发展和产业结构优化的动力源泉之一。重大产业平台的招商引资不仅与产业平台建设、项目载体供给、招商投资一体、项目落地服务、稳企留企创效益相关，还与招商项目的资源配置和公共服务高度相关。因此，招商引资工作不是商务部门或产业部门可独自完成的任务，需要各职能部门系统协同才能高效开展。课题组针对重大产业平台招商引资体制机制中制约平台建设难、供地服务难、招投一体难、项目落地难、稳企留企难等痛点堵点问题进行梳理，从项目研判、招商统筹、招投一体、项目载体、企业扶持等方面进行分析，具体如下：

一、项目研判专业化水平有待提升

目前全市项目研判主要依靠市镇相关部门和人员以及市招商公司相关人员，尚无专业化、综合性产业项目研判团队或专家提供支持。招引信息来源不足，招商方式普遍停留在对产业链条中单个项目的招引上，产业招商停留在优势传统产业已有环节以及战略性新兴产业的零星环节。招商渠道市场化不足，重点项目来源渠道单一，项目信息来源主要为投资方市场需求，市场化招商、中介委托招商体系化还未真正形成。据统计，全市从事招商引资工作人员约 350 人，其中专职人员约 80 人，占比仅 22.86%（调研数据），一人多岗、一岗多事现象普遍存在，熟悉现代产业招商和具备规划、建设等专业技能的人才十分匮乏。除火炬开发区、翠亨新区等拥有专业招商服务团队外，多数镇区从事招引、落地服务的人数寥寥，一定程度上影响了项目进度。市招商公司方面，同样面临人才频繁流失、激励严重不足、容错机制尚未建立等问题，严重阻碍了公司向市场化、专业化发展的进程。

二、项目招商落地统筹力度不足

目前，招商项目从对接到动工投产，需要经历 14 个阶段 49 个环节，涉及超过市 16 个部门、25 个镇街，包括“项目准入评审”“规委会”“土委会”等在内的市级会议需要排期，部门之间、部门与镇街之间、镇街之间以及环节衔接不畅，如在执行利用年度计划指标管理联席会议制度中，已纳入土地利用年度计划指标安排的产业类项目，依然会因为组卷、征地、土地权属、规划指标等问题，影响项目落地进度。

在产业招商方面存在不同程度的主体责任不明确、聚焦项目落地针对性不强、工作架构不完善等问题，尚未真正形成快速解决产业招商落地问题的强大合力，如重大产业平台，涉及 18 个镇街和多个行政主体，交通、市政、招商政策、产业配套等软硬件设施统筹不足，平台间的交通网络和要素流通不够通畅，分散的招商资源和各自推进的建设模式难以形成全市招商“一盘棋”，统筹发展的合力尚未得到充分发挥。

招商项目评审会与土委会之间存在沟通不畅问题。市自然资源部门反映重大产业平台城市设计有序推进，做好边规划边管控边建设，平台核心区范围内的项目，经核实与城市设计方案相符，均可开展项目建设，非核心区范围内的工业项目不受限，如常开发建设。但课题组在调研中发现全市当前 70 宗推进困难的工业项目用地中，有 46 宗与规划不符，有 15 宗受重大产业平台规划影响。截至 2021 年 9 月，7 大产业平台的城市规划方案已通过专家评审，但关于重大产业平台的主要信息尚未为招商、产业、资金等部门内部所使用，招商信息与规划、土地等信息出现断层，信息共享机制尚未建立。

三、项目招投一体化模式尚未建立

目前，中山市产业基金规模小、金融支撑力不足，资本招商处于探索阶段，资本运用机制灵活性不足，尚未建立科学的资本运作机制，股权投资尚未建立容错机制，未能真正激发资金活力，与周边城市存在较大差距，难以招引资金导向型重大产业项目。如佛山的千灯湖万亿级基金小镇，东莞松山湖“基金+基地”双保险模式的国际化产业投资基金，珠海规模最小的产业基金——格力金投规模超过500亿元，与大湾区及长三角重点城市比较，中山市股权投资耗时长，对优质项目支撑不足。中山市招商部门跟进重点在谈项目中，需政府投资的项目数占比24.6%，如中芯长电图像传感器晶圆封测项目提出需要政府投资22亿元，G7项目需政府投资3亿元，巨湾技研项目需政府投资7亿元，封装基板项目需政府投资1.6亿元，如果没有稳定有效的投资机制，就难以对资金密集型重大产业项目形成可持续的资金支撑，导致优质项目流失。

四、重大平台项目落地承载力不够

（一）连片土地少、开发难度大

中山市可供开发的连片用地不多，中山市工业用地平均税收仅为14万元/亩，远低于珠三角其他城市，大多产业园用地零散，直接影响重大项目的招引。受镇街主导规划的统筹缺乏、市镇两级的责权不一、历史遗留的“三规”不符等因素影响，中山市土地利用需要花费大量时间及财政成本解决“三规”、指标调整问题，严重阻碍土地利用。

（二）连片用地整备与招商引资工作要求口径不一致

如土地管理部门连片土地整备是指地块完成征地和收储，实际上这些地块还普遍存在道路、河道、铁路分隔及退让等情况，并非招商引资中所要求的“连片净地”，无法保证重大项目落户所需的土地资源。

（三）“项目等规划”问题突出

当前整备的连片地块中超半数涉及不同程度的规划问题，并不是严格意义上的“标准地”，导致在招商引资工作过程中常出现项目等建设指标、等规划的情况。如岐江新城港口胜隆连片用地涉及铁道规划与退让问题，香山新城（坦洲片区）连片用地控规还未最终确定。

（四）土地碎片化严重

部分整备的连片土地实际已被镇街划分为多个小型地块，如石岐区经济总部连片用地，已被划分为 20 多宗小型地块，面积从 8.31 亩至 28.73 亩不等，连片开发难度较大；香山新城（坦洲片区）连片用地实际可用部分分布在 3 个不同地方，每块不足 20 亩且地块严重不规整，严重的土地碎片化大大增加了招商引资工作难度。

（五）市级土地统筹力度不足

对于已整备地块，在市镇各自跟踪的项目发生冲突时，镇街一般会优先考虑自身跟踪的项目，甚至对市级招引的项目存在消极应付的情况，这不利于实现全市招商“一盘棋”。目前，能承载重大项目的“标准地”（包括用地性质、用地指标、“三通一平”以及周边路网完善）较少，指标不全、交通不畅、调规时间长、交通线位规划不确定等因素严重影响重大项目落地。

五、留企安商政策综合竞争力不强

（一）政策扶持力度不足

对比周边地市，中山市缺乏产业重点专项政策扶持，在大项目奖励、总部经济等方面力度相对较小，产业发展战略与配套政策存在“真空期”。

（二）政策兑付难

如招引项目受政策有效期影响难以落地；政策兑付决策流程长、效率低；政策兑付受部门预算等影响难以实现；政策解读不统一，政策延续性不足。

（三）政策不稳定

如“三旧”改造和低效工业园区改造政策每隔 1 ~ 2 年就调整一次，且政策束缚过多，未能灵活释放可利用空间为产业及项目挪平台、腾空间。

第四节　主要原因分析

一、招商观念须进一步创新

目前，部分镇街和部门对招商引资的重要性还未真正认识到位，还未彻底转变以土地吸引项目、对土地过度依赖的传统模式，在历年来的市、镇管理体制和考核机制影响下，难以形成招商工作全局意识和大局观念，镇街招商引资各自为政的弊端难以消除，存在部门、镇街招商工作边界划分不清晰、招商步调不一致、项目信息共享不及时等问题，新形势下的产业项目全生命周期管理理念尚未建立，难以适应新形势下高质量招商引资要求。

二、招商统筹须进一步加强

2017年以前，中山市招商工作基本是部门和镇街各自为主，由于统筹力度不足，未能整合资源、摸清家底、形成合力，招商与产业需求、土地现状、规划布局、落地条件等严重脱节，存在镇街难以拉到好项目，市级好项目又不知该落在哪里的现象，以致招商队伍专业化不够，土地载体碎片化，承载力度不足，低效工业厂房改造难度大，产业基金体量小，无法对重大项目招引起到支撑作用。

由于招商、选址阶段未能与土地规划、城市规划等充分对接，先招项目再定选址，之后再办理报批甚至规划调整等工作，容易造成用地因不具备报批条件而无法进入报批程序，整个流程耗时长且项目容易生变。

三、招商政策须进一步加码

一方面，中山市招商政策“性价比”有待提高。中山市招商配套政策总体保守，在借鉴先进城市经验制定政策方面存在滞后，创新措施和“绝招”少。项目谋划、产业扶持、政策配套的前瞻性不足，导致项目招商整体竞争力无法形成比较优势。如“四新经济”（新技术、新产业、新业态、新模式）项目，因政府监管政策滞后、职能部门人员业务知识欠缺、不敢担当怕担责等，在项目政策支持等方面明显落后于深圳、佛山、东莞等城市。

另一方面，招商项目质量难以释放上级政策红利。根据《广东省自然资源厅关于2020年土地利用计划管理的通知》文件，纳入国家发改委、商务部和省重大项目清单的产业项目均可使用国家指标；对投资规模超过10亿元，投资强度不低于380万元/亩的产业项目，可申请预支计划指标。与此同时省人民政府每年根据省工信厅相关考核结果，对制造业发展较好的 6 个地市安排奖励指标。但截至 2022 年，中山市没有享受过以上政策红利，没有符合条件的项目预支指标，也没有得到过和产业发展相关的奖励指标；同时 2019 年至 2022 年，中山市累计向产业项目投入指标 11 478 亩，占中山市市级指标使用总数的 65.61%，大量新增用地因没有实施供地，形成新的批而未供，亦影响中山市争取新增指标。

四、营商环境须进一步提升

目前，中山市在营造优良营商环境方面存在一些误区，重点围绕减少行政审批、提高行政效率等着力，但在影响更为深远、难度更大的教育医疗、生活配套、城市交通、自然环境与文化氛围等公共服务方面存在短板，影响重大优质项目的落户信心和持续发展。同时，全市仅有火炬开发区 1 个国家级高新区，省级经济开发区 1 个，缺乏国家级、省级政策平台，中山市重大产业平台尚处于初建阶段，自由贸易区中山联动发展区、综合保税区等功能平台仍在积极争取中，间接削弱了对重大项目的吸引力。

第二章

招商引资改革方向和改革重点

不断改进招商引资方法、创新招商引资模式，是提高招商引资核心竞争力的有效途径和必然选择。本章立足“十四五”时期城市间招商引资竞争和中山市高质量崛起的时代要求，结合中山市重大产业平台和十大产业链招商的现实需求，系统分析国内重大产业平台招商引资工作的成功经验及做法，提炼出当前最实用、最管用的招商引资模式，并围绕产业链招商、资本招商、“标准地”招商和低效工业厂房升级招商等改革重点，梳理出招商引资工作体制机制的改革思路，为本研究提出相应的改革路径、改革措施指明方向。

第一节　改革方向

一、产业链招商模式

（一）发展方向

产业链招商主要就是围绕某个产业的上下游行业进行招商，从而成体系地把相互关联项目构成产业链，是当今各地最为重视、使用最为频繁的招商方法之一。产业链招商要研究和分析产业发展和转移规律，策划与创造项目、筛选与储备项目、包装与推广项目、运作与落实项目、建成与投产项目，最终实现项目营利。

（二）经验借鉴

以杭州经济技术开发区东部医药港小镇为例，开发区基于现有的产业优势，打通上下游产业链，吸引奕真生物、辉瑞生物、美国礼来、默沙东、雅培、康莱特药业、九源基因、艾博生物、澳亚生物、创新生物、铭众生物、健培科技等企业先后落户，园区内大健康产业集群已集聚了来自40多个国家和地区的700余家外商投资企业，据统计，全球前十大药企中，已有一半在杭州经济技术开发区投资。在产业链的基础上，开发区通过打造集生物制药产业上游研发智库、中游智能制造以及下游智慧医疗于一体的产业小镇，以产业服务生活为核心理念，打造中国生物医药产业产城融合示范区的“杭州东部医药港小镇”，并以产业小镇为载体，全力打造生物医药全产业链生态体系。

二、“标准地”招商模式

（一）发展方向

所谓“标准地”，即地方政府精心挑选出的交通区位优越、用地手续完善、基础设施完备、可马上实施建设的优质土地。城市土地开发中涉及的“标准地”，就是七通一平的土地，即基本建设中前期工作的道路通、给水通、电通、排水通、热力通、电信通、燃气通及土地平整等。“标准地”招商是当前改变“项目等土地”为“土地等项目”的有效措施之一。根据产业链发展的导向，提前打造并储备一批基础设施完善、用地手续完备、可马上实施建设的“标准地”，是当前各地政府招商强化产业落地的重要保障。实施“标准地”招商，前提是要明确产业用地类型、投资强度、产出效益、能耗地耗、环保标准等准入门槛。由于“标准地”的整备和收储成本高，所以地方政府在实施“标准地”招商时一般会与产业链招商结合使用，力争做到“土地等项目、项目到即开工”的完美结合。

（二）经验借鉴

企业从签约、拿地到动工，往往需要层层审批、办理各种许可证，这一过程动辄耗时数月。肇庆“数字政府”改革对标粤港澳大湾区一流营商环境，相继推出企业开办 1 天办成全业务全区域全覆盖、“标准地”认购、不动产登记实现“1 天办结、1 次办成”、“双容双承诺”制度助推项目“先建后验”等措施，为项目动工建设提速 2～4 个月，投资项目落地速度居全省前列。肇庆还在政府公共服务满意度、电子政务服务能力综合指数、法治建设等方面排在广东省前列，努力让企业“发展好、赚钱多、没烦恼”。①

三、政府引导基金模式

（一）发展方向

政府引导基金模式即“产业基金引项目”模式，是采取财政资金撬动社会资本的方式，引导社会资本建立股权投资基金，打造“基金 + 项目 + 园区”的一体化生态链，实现资本与项目的有效对接。近年，在中央政府的政策推动下，政府引导基金快速生长，已经基本成为地方招商引资的标准配置和产业升级的“核武器”。

（二）经验借鉴

以成都市政府投资锤子公司为例，成都市为扩大招商引资，于 2016 年 11 月出台《成都市政府投资基金暂行管理办法》，明确规定投资资金来源包括财政出资和社会资本合作两部分（包括参股新发起设立或者现有的市

① 《当天认购　当天签约　当天办手续　“熟地”招商引资肇庆跑出新速度》，广东省人民政府网站，http://www.gd.gov.cn/gdywdt/dsdt/content/post_2718740.html。

场投资基金），并于2017年8月设立成都发展基金，目标规模1 000亿元。此外，成都还设立了20亿元的“四板基金”、10亿元以上的金融科技产业创业投资基金，鼓励发展金融科技产业。截至2022年6月末，成都市产业引导股权投资基金累计发起12只子基金，总规模712.46亿元，子基金投资企业中49家在境内外资本市场上市；培育工信部专精特新“小巨人”企业72家；内培外引成都市内企业超过40家。成都市产业引导基金主要聚力做好加快培育发展产业生态、突出发展先进制造业、优化提升现代服务业、大力发展都市现代农业、培育壮大数字经济五个方面工作，推进产业建圈强链，助力构建可靠稳定的供应链体系，加快构建现代产业体系。

无独有偶，上海、杭州、武汉、深圳、广州等多地政府以产业引导基金的“以投促引”定制化模式渐成趋势。如，2022年12月8日，深圳首只“20+8”战略性新兴产业专项子基金——工业软件基金[①]落地，意味着深圳“一集群一基金”体系进入实质性阶段。又如，2023年2月18日，由广州市政府指导、广州产业投资控股集团有限公司（简称“广州产投集团”）主办的广州产业投资母基金、广州创新投资母基金和广州产业发展研究院成立，以2 000亿元构建万亿级基金群。“两金一院”[②] 全都由广州产投集团牵头组建，为广州高质量构建现代化产业体系、打造具有世界级竞争力的战略性新兴产业集群、抢占未来产业发展制高点发挥重要作用。

---

① 工业软件基金由深创投担任基金管理人，深圳市引导基金、深圳龙岗金控与格力金控等基石投资者发起设立，主要投向半导体数据软件、制造业自动化等领域，计划发行规模50亿元。

② 广州产业投资母基金：总规模1 500亿元，公司制形式主要功能为“以投促引”，通过出资吸引众多社会资本的加入，以“子基金+直投”模式运作主要服务于广州“产业第一、制造业立市”战略，为广州引入一批重大产业项目，逐步构建形成超6 000亿元的产业基金集群。广州创新投资母基金：总规模500亿元，采用有限合伙形式，主要功能为“以投促创”，通过投资促进广州创新集群的发展，主要服务于广州科技创新战略，支持创新创业，促进成果转化，联动社会资本形成超2 000亿元的创投基金集群。广州产业发展研究院：成立于2022年7月15日，是广州产投集团的科研机构，是服务广州产业发展的高端智库，主要是通过投研联动，为广州重大产业项目提供智力支撑。

四、招商引资飞地模式

（一）发展方向

“飞地经济”，即相互独立、经济发展存在落差的行政地区打破区划限制，通过跨空间开发实现资源互补、协调发展的一种区域合作模式。一些先进园区利用成功经验及优势资源，按照“共建、共管、共享”原则，与其他地区的市县、园区合作，建设“区中园”，并成为“飞地型”园区，促使两家独立园区打破行政区划限制，通过跨空间的行政管理和经济开发，实现协同发展。

（二）经验借鉴

国内最早的“飞地”园区是江苏的“江阴—靖江合作园区”和“苏州—宿迁工业园区”。至今，江阴—靖江合作园区已打造出中国民营造船、国家重钢结构两大产业基地。深汕特别合作区、顺德（英德）产业园、上海北高新（南通）科技城、苏通（苏州—南通）科技产业园是国内“飞地经济”的四个优秀案例。中央八大部委专门联合发出通知《关于支持“飞地经济”发展的指导意见》（发改地区〔2017〕922号），明确强调支持各省市优势互补园区共建，通过“飞地经济”的形式来强化招商引资。创新“飞地经济”合作机制，能有效发挥不同地区的比较优势，优化资源配置，强化资源集约节约利用，提升市场化运作水平，完善发展成果分享机制，加快统一市场建设，促进要素自由有序流动，推进区域协同发展。合作双方实行园区共管、资源共享、政策共享，通过市场化运作的方式，最终实现多方合作共赢的目标。

五、“重资本轻资产”招商引资模式

（一）发展方向

“重资本轻资产”招商模式，就是通过设立产业引导资金，与金融、投资机构合作设立产业发展基金等方式，实现“重资本运营”；通过为入驻企业配套建设标准厂房、职工宿舍等，减轻企业非生产性投入，缩短外来投资项目的建设周期，达到“轻资产招商”。该模式在商务部等十三部委联合推广构建开放型经济新体制综合试点中明确纳入推广经验。①

（二）经验借鉴

以南昌高新区推进“重资本轻资产”招商为例，南昌高新区着眼于产业集群发展，出台政策鼓励区内企业间协作配套，对采购生产配套的区内企业，按采购金额分别给予采购方和供货方1%金额补贴，单个企业补贴总额最高可达500万元，与多个企业配套的还可分别享受补贴。该政策推动了产业链进一步延伸，吸引了配套企业落户，同时加速了产业集群的形成，降低了企业成本，形成了产业发展良性循环。此外，高新区还设立了40亿元的高新区产业发展基金，设立了总金额不低于6.5亿元的产业发展扶持专项资金，制定了扶持战略性新兴产业人才引进的措施，以完善的配套政策与“重资本轻资产”模式形成组合拳。

① 《商务部等十三部委联合印发通知　向全国复制推广构建开放型经济新体制综合试点首批典型经验和模式》，商务部网站，http://www.mofcom.gov.cn/article/ae/ai/201710/20171002660952.shtml。

六、大数据招商模式

（一）发展方向

大数据招商是指通过打造数字化招商系统，按图索骥查找招商线索，靶向锁定目标企业，实施精准招商的重要模式。传统招商过程中面临着信息不对称、数据不统一、各部门协同性差等问题，严重制约了招商引资的效率和质量，进而拖慢了区域发展和转型升级的步伐。大数据招商不仅可以筛选招商线索，提高招商转化率，甚至可以提高招商服务水平，可以在招商前、招商中、招商后实现对目标企业的动态监控。建立基于大数据的招商引资决策平台，通过对数据的统筹和分析，可以精准筛选具有潜在投资意向的企业，甚至可以分析企业的投资概率，从而让政府实现专业化、高效化招商。

（二）经验借鉴

以苏州开放创新合作热力图为例，早在 2020 年 1 月 3 日召开的“苏州开放再出发”大会上就发布了“苏州开放创新合作热力图”，以“一张图”方式集结 8 部分信息①，分别为投资考察线路图、平台载体导引图、产业用地供应图、投资合作机会图、产业链全球合作对接图、人才创新合作专享图、乡村产业合作指引图，以及日韩客商参观导览图。如，投资考察线路图，共分 8 大类，包括 106 条投资考察线路。每条线路由载体、平台等节点组成，内容还包括线路介绍、节点实景相片、行政地址、联系人和联系电话等，帮助投资者提高考察效率；平台载体导引图可提供 230 个载体共 655 万平方米可用招商空间的导引，包含平台载体的名称、行政地

① 苏州开放创新合作热力图于 2020 年投入使用，后持续更新，已由原来的 6 部分信息扩充到 2023 年的 8 部分信息。

址、总建筑面积、可招商面积、招商联系人、联系电话等内容，帮助投资者寻找项目落地载体；产业用地供应图，包括45个产业用地区域，近期可提供68.8平方千米产业用地，图中在可供应地块上标注了重点招引产业类型，涉及智能制造、生物医药、人工智能、新一代信息技术等产业类型，帮助投资者匹配项目土地资源需求；投资合作机会图提供175个投资合作机会、718项合作需求，提供项目名称、简介、需求类别、需求内容、联系人、联系方式等信息，帮助投资者和企业家发现合作机会。

苏州开放创新合作热力图是通过大数据的统筹和分析，以服务全面投资信息空间布局为宗旨，以产业建链、补链、强链为主线，全面、生动推介苏州营商环境和投资政策，为全球资本选择苏州、投资苏州，提供透明、公平、便捷、稳定的预期和资讯。

第二节 改革重点

一、产业链招商改革

（一）基本情况

（1）明确产业链招商的10个重点和"三个一"工作内容。2020年6月，中山市政府正式出台了《中山市关于实施重点产业链链长制工作方案》，聚焦生物医药、智能家电、光电光学、灯饰光源、五金锁具、特殊食品和化妆品、新能源、现代物流、金融业、文化旅游等10个重点产业领域，由市领导担任产业链链长，按照"一位市领导、一个牵头部门"的工作模式，协力推进产业链发展。同时，聘请国内产业研究机构深入研究梳理产业链发展现状，对产业集群进行"画像"，全面掌握产业链重点企业、重点项目、重点平台、关键技术、上下游配套、制约瓶颈等情况，形成产业链"三个一"工作内容（即每条产业链形成一份"链主"企业、重点企业清单，一份重点发展项目清单，一份招商引资目录）。

（2）招商项目落地机制日益完善。2019 年，出台《中山市重点招商引资产业项目落地推进机制的工作方案》，梳理出项目落地推进 14 个阶段 49 个环节所涉及的责任单位和所需时限，建立起“一个项目一张表制度”，从制度上明确了镇区和部门的职责和办理时间。2021 年，中山出台《中山市高质量推进招商引资工作实施意见（2021—2023 年）》，强调以高质量招商推动产业转型升级，促进经济高质量发展，聚焦产业链、供应链、创新链，开展强链、补链、拓链精准招商，引进投资规模大、带动作用强、科技含量高的优质项目，为经济高质量发展增添动力。

（二）存在问题

（1）项目偏小偏散，产业补链强链任务艰巨。当前，多数项目和落户企业以单体形式存在，未能形成以某一龙头企业或行业为中心的产业集群与产业链条，不能与重大产业平台定位和重点产业集群发展相匹配。

（2）招商资源分散，全市统筹机制有待完善。重大产业平台包括火炬开发区、翠亨新区、岐江新城 3 个核心平台及 4 个万亩级重大产业平台，横跨 18 个镇街，项目落地要经过 14 个阶段 49 个环节，涉及超过市 16 个部门、25 个镇区，分散的招商资源和各自推进的建设模式难以形成全市招商“一盘棋”，统筹发展的合力尚未得到充分发挥。

（3）空间载体约束，链式招商机制有待理顺。受征地拆迁、三规合一、用地指标（农转用、耕地、水田等）、土地整备等的约束，以“标准地”为载体的链式招商模式尚未贯通全市，“项目等规划”“项目等土地”的现象依然存在，从“横向开发转向纵向开发”的观念还有待加强，强链、补链、拓链的招商工作还有待完善。

（三）对策建议

（1）建立产业链项目专业研判机制。以“招商团队 + 专业机构”的方式提高项目前期研判水平，有效评估项目风险。组建由技术、管理、法律、财务、运营、大数据等各方面专家组成的专业团队，依托专业机构开展招商项目尽职调查，围绕技术成果、相关产品生产运营能力及市场竞争力、创新研发能力、技术发展环境和前景、知识产权、技术市场潜能等多个维度对该项目进行专业调查、分析和评估，提高项目落地的成功率。

（2）构建“链长 + 链主”招商机制。聚焦生物医药、智能家电、光电光学、灯饰光源、五金锁具、特殊食品和化妆品、新能源、现代物流、金融业、文化旅游等 10 个重点产业链，全面实施以市领导为“链长”和以龙头企业为“链主”的双链式招商体制，形成“一把手”挂帅、“双链”作战的新型招商机制。按照“强链、补链、延链”思路，着力引进和培育产业关联性大、带动能力强的龙头企业或引擎性项目。

（3）探索建立“招商合伙人”制度。面向全球精选一批有资源、有经验、有资金的管理机构和投资机构作为招商中介机构，如“五大行”①、“四大所”②、广东省粤科金融集团有限公司、广东粤财基金管理有限公司、深圳市创新投资集团有限公司等，以“招商合伙人”方式委托其在全球开展招商。

（4）以信息化创新产业链招商方式。聚焦重点产业链供应链，充分运用信息化手段，通过远程推介、视频会议、网上洽谈、“云签约”等在线方式，持续加大招商引资力度，发挥外资在“稳链”“补链”“固链”“强链”中的重要作用。对照“莞小投”服务模式，建设中山招商服务平台——“中山智慧投资平台”（简称“中山 i 投资”，暂定名），将产业链的链路图、产业平台云图、产业基金库、招商政策库、投资项目库汇集一起形成“两图三库”模块，全面展示中山的营商环境及招商资源。也可对照“苏州开放创新合作热力图”的做法，把投资考察线路图、平台载体导引图、产业用地供应图、投资合作机会图等信息汇聚在“中山 i 投资”平台，为企业“找空间、找伙伴、找政策、找资金、找资源”提供综合性服务，实现招商智能化。

---

① 五大行：JLL 仲量联行、CBRE 世邦魏理士、DTZ 戴德梁行、Savills 第一太平戴维斯、Colliers 高力国际。

② 四大所：普华永道（PwC）、德勤（DTT）、毕马威（KPMG）、安永（EY）。

（5）以发展为目标打造“产业生态”。围绕核心环节，通过招引龙头企业、寻求战略合作、引进先进技术和资本等，推进家电、灯饰光源、五金锁具、食品等传统产业领域升级改造，按照“一链一政策”原则制订专项产业规划、扶持政策和设置招商地图，实行精准招商，积极培育具有全球影响力和竞争力的产业集群。在推动“链长制 + 链主制”产业链招商的同时，积极探索打造“链主—产业链—产业集群—产业生态”的发展路径，对标行业先进水平，聚焦已有坚实基础和区域特色的传统优势产业，逐步从产业集群发展到产业生态。

二、资本招商改革

（一）基本情况

（1）资本招商基础方面。截至 2021 年上半年，全市共有股权投资基金 71 只，基金管理机构 27 家，合计资金规模约 230 亿元。截至 2022 年 7 月，全市境内外上市企业共 36 家，其中境内上市企业 23 家，境外上市企业 13 家；成功新三板挂牌企业 49 家。

（2）资本招商主体方面。在中山市市属国有、区（镇）属公有企业中，具有金融及投融资业务定位的相关公司主体主要包括中山金融投资控股有限公司（简称“中山金控”）以及中山火炬华盈投资有限公司等。自 2019 年推动中山市属国有金融资源整合后，市属国有金融资本已大部分集中于中山金控。中山金控拥有下属企业 23 家，其中 7 家全资公司、4 家控股公司、12 家参股公司，已初步发展成金控集团性企业。

（3）产业投资基金方面。中山市拟用“政府引导、市场化运营、专业化管理”模式，引入国内优秀基金管理公司，与中山金控共同组建母子基金结构的中山市产业投资基金，母基金采用有限合伙制设立（名称暂定为“中山市产业投资基金”），基金规模 100 亿元，设 4 个二级母基金，分别是科创母基金、人才母基金、工改母基金和招商母基金。

（二）存在问题

（1）缺乏资本招商总体规划。从目前《中山市产业投资基金组建方案》来看，当前政府层面关注的重点仍是如何成立全市首只产业投资基金的问题，而对产业投资基金组建起来后，如何投资到重大产业平台以及10条产业链（包括本地龙头企业）的预案还不完善。

（2）缺乏资本招商配套制度。通过资本把一个好的项目招引进来并成功落地，涉及税收、人才、土地、产业配套、生活配套、资金支持等一系列配套政策，须以系统工程的思维推进这项工作方可成功。

（3）缺乏“招投一体”招商路径。在中山市产业投资基金（母基金）组建之初，尽快研究并确定“资本+产业”的招商路径，将母基金及日后成立的子基金管理团队纳入招商工作体系，以明确的招商路径对外招商，方可形成“招投一体”的预期效果，顺利提升产业链招商、资本招商的威力。

（4）应加快建立产业投资基金群。截至2022年，中山市跟进的重点在谈项目中，有24.6%的项目方提出需政府投资，其中资金需求20亿元以上的1个，10亿元以下的3个，涉及资金总额达33.6亿元。如果没有实力强大的产业投资基金群和稳定有效的投资机制，就难以对资金密集型重大产业项目形成可持续资金支撑，易导致优质项目流失。

（三）对策建议

（1）探索建立“产业平台+产投基金”资本招商模式。把重大产业平台作为产业投资基金招引项目的载体，用产业投资基金为重大产业平台建设和招商赋能，建立“平台+资本”“园区+资本”的资本招商模式，探索建立具有中山特色的产业载体与产业投资基金一体化发展新模式。

（2）探索建立“产业投资+科技金融”资本招商模式。以重大产业平台为依托拓展产业发展空间、强化产业承载力；以科技金融为纽带，通过前期租金、资金和技术入股等具体方式，为重大产业平台和战略性新兴产业发展提供资金支持，同时分享产业发展红利。产业投资方面，对照深创投“优先跟投权”（通常不超过5%）模式，在创业团队孵化、成长、成熟过程中适时开展股权投资。科技金融方面，着力打造涵盖天使孵化、创业投资、融资担保、上市培育、并购重组等全生命周期的科技金融服务体系，通过混合所有制的“基金群”，有效撬动社会资本服务中山市产业和城市发展。

（3）建立健全招商项目全生命周期育成投资机制。建立“链主”企业育成上市、产业链并购奖励、招商培育项目风险补偿等机制，同时充分发挥好银行贷款、公司债券、产业基金作为解决实体经济融资难三大主力手段的作用，搭建起服务小微企业、成长期企业、成熟期企业和挂牌上市企业的全周期金融支持体系，解决企业在不同发展阶段所面临的不同需求。

（4）加快实现从产业投资基金到产业基金群的转变。注重强化资本运作，依托中山金控建设国资投资平台作为开展资本招商的“牵引器”和“主力军”，联合深创投、中信产业基金、招商局资本等头部投资机构共同设立百亿级（甚至千亿级）的产业基金群，形成“引导性股权投资＋社会化投资＋天使投资＋投资基金＋基金管理”的多元化科技投融资体系，不断增强创新资本生成能力。

三、“标准地”招商改革

（一）基本情况

“招大引强”与“土地整备”密不可分，破解土地制约之困势在必行。

围绕“打赢经济翻身仗”攻坚任务，加快推进重大产业平台“头号工程”建设，中山市自然资源局通过排查，梳理出全市300亩以上连片用地的整备情况①。市商务部门针对招商项目落地过程中实际存在的“项目等

① 《中山市自然资源局关于重大平台300亩以上连片用地整备情况的报告》（中山自然资报〔2021〕590号）。

规划”“项目等土地”的情况，对重大产业平台的连片用地情况做了二次摸底调查，结果发现土地实际情况与招商引资项目落户条件之间存在较大差距。如岐江新城总部经济区连片土地面积360.28亩，已被分割成20多块面积从8.31亩至28.73亩不等的小地块（2个项目已动工建设，多个地块已有比较成熟的在谈项目），剩余地块面积共计54.57亩，连片开发难度较大。又如岐江新城港口胜隆连片用地面积430.11亩，但用地现状为鱼塘，且地块涉及海岸线退让、广中珠澳高铁规划线横穿地块上空等问题，后期还涉及建筑退让和限高等要求，目前无法纳入招商用地范畴。还有香山新城（坦洲片区）的两块连片用地，面积分别为431.20亩和313.32亩，但地块均涉及农田、菜地、民房、设施用地、道路建设及绿地等，实际可用的工业用地面积为311亩和261.54亩。而其中的261.54亩仅余66.54亩工业用地可用于新招商项目，且被分割成三块不规则形状的地块（可用面积均不足20亩），配置优质项目难度较大。

（二）存在问题

（1）连片用地整备与招商引资工作要求口径不一致。市自然资源部门理解的连片土地整备是指地块完成征地和收储。实际上，仅完成征地和收储的地块普遍存在道路、河道、铁路分隔及退让等情况，并非招商引资中所要求的“连片净地”，无法保证重大项目落户所需的土地资源。

（2）“项目等规划”与产业项目对“标准地”利用不足问题并存。一方面，课题组将两部门的调查情况对比发现，当前已整备的连片地块都涉及不同程度的规划问题，并不是严格意义上的“标准地”，导致在招商引资工作过程中时常出现项目等指标、等规划的情况。另一方面，产业项目对成熟土地利用不足。目前招商项目预备库在库项目中无具体项目，项目招引时没有优先选用已有批文或已实施指标扣减的地块，一味追求新增，减缓了项目落地速度。如部分达“615”标准的优质产业项目，可在短期内通过集体土地实现项目落地，但在部门联审阶段，相关部门以用地性质不是国有为由，不同意其纳入预备库，致使项目无法实施。

（3）土地碎片化严重。部分整备的连片土地实际已被镇街划分为多个小型地块，如石岐区经济总部连片用地、香山新城（坦洲片区）连片用地，土地严重碎片化大大增加了招商引资工作难度。

（4）市级土地统筹力度不足。一方面，镇街招商存在“小算盘”。对于已整备地块，在市镇各自跟踪的项目发生冲突时，镇街一般会优先考虑自身跟踪的项目，甚至对市级招引的项目存在消极应付的情况，不利于实现全市招商“一盘棋”。另一方面，招商项目质量难以释放上级政策红利。2019 年至 2022 年，中山市累计向产业项目投入指标 11 478 亩，占中山市市级指标的 65.61%，大量新增用地因没有实施供地，形成新的批而未供，亦影响中山市争取新增指标。

（三）对策建议

（1）加强市级统筹连片土地力度。为实现引入百亿级投资项目的目标，由市镇（街）联合加强连片土地开发，明确纳入市镇联合招商基地的 300 亩以上连片产业用地原则上不分宗出让，由“链长”统筹重点用于招引龙头企业。

（2）建立“标准地”持续供应机制。目前，能承载重大项目的“标准地”（满足用地性质、用地指标、“三通一平”以及周边路网完善等条件）较少，“指标不成熟、交通不畅”以及调规时间长、交通线位规划不确定等因素，影响重大项目落地。建议持续开展土地整理和“标准地”储备，为重大项目招引提供可持续的发展载体。

（3）探索市镇联合招商基地试点。为解决产业链项目引入后的用地难问题，对照东莞做法出台《中山市市镇联合招商基地实施办法》（暂定名），以市镇合作方式评选一批重大产业平台内的园区作为试点，通过系列扶持政策，鼓励镇街开展土地连片招商，以“标准地”整备标准解决地块所涉及的控规调整、林地使用、土地征收等问题，完善周边的交通条件及配套设施，形成“土地等项目”的主动局面。

（4）探索“先租后购”落户制度。建立“先租后购”的梯度式产业迁移政策，对意向投资企业先招引落户保证生产，再量身定做建设厂区（房），后考核贡献水平协议转让产权，并以资本杠杆支持企业做大，实现“先落户 + 再建设 + 后转让 + 促发展”的新型招商引资模式。

四、低效工业厂房升级招商改革

（一）基本情况

从 20 世纪 90 年代开始，中山市大力实施“工业立市”“工业强市”战略，各镇街充分发挥自身优势，加大招商引资力度，大规模进行工业园区建设。经过三十多年的发展，大致形成了目前 70 个工业集聚园的布局，共占地 38.9 万亩，共入驻企业 4.33 万户，其中规模以上工业企业 3 241 家。根据市工信局对全市工业集聚园发展情况的调研，全市工业用地和企业分布情况如下：

从区域布局来看，园区分布较为分散。全市共 70 个园区，其中小榄镇共 9 个，南区街道、横栏镇、古镇镇各 5 个，少于 3 个的镇街包括民众镇、阜沙镇、大涌镇和南头镇。具体见表 2 – 1。

表 2 – 1　全市工业园区分布

园区分布	园区数量
小榄镇	9 个
南区街道、横栏镇、古镇镇	各 5 个
三角镇、南朗街道、三乡镇、板芙镇、黄圃镇、沙溪镇	各 4 个
火炬开发区、港口镇、坦洲镇 、东凤镇、神湾镇	各 3 个
民众镇、阜沙镇、大涌镇	各 2 个
南头镇	1 个

资料来源：和融智库研究院整理。

从规模大小来看，园区面积极不平衡。70 个园区共占地 39.8 万亩，平均每个园区 5 685.7 亩。面积排名前 5 位的园区总面积 8.47 万亩，占全市园区总面积的 21.28%。排名后 5 位的园区总面积 5 119.75 亩，仅占园区总面积的 1.29%。

从园区产业来看，过半数园区以传统产业为主。如大涌镇、沙溪镇、小榄镇（东升）、板芙镇等集聚了家具产业集群，古镇镇、横栏镇等形成了涵盖原材料、五金、组装等环节的完整灯饰（含 LED）产业链条，另外小榄镇、东凤镇、南头镇、黄圃镇等镇街集聚了新能源、高端装备、健康医药等新兴产业。

从企业分布来看，八成规模以上工业企业入驻。70 个园区共入驻企业 4.33 万家，其中规模以上工业企业共 3 241 家，占全市规模以上工业企业的 79.71%。

（二）存在问题

（1）土地供给与产业发展之间存在矛盾。开发强度与土地产出效率不匹配，与东莞、佛山等相比，中山市土地产出效率相对偏低。专业镇模式对中山经济发展作出了巨大贡献，但专业镇在经过多年的快速发展扩张后，可开发土地资源日渐枯竭，发展空间已近极限。

（2）制造业发展质量水平相对不高。中山市先进制造业增加值占规模以上工业比重、高技术制造业增加值占规模以上工业增加值比重低于全省平均水平。前沿技术引领型未来产业发展滞后，在新一轮技术革命和产业发展中缺乏先发优势。

（3）“招大商”成效尚未明显凸显。中山企业“星星多月亮少”，拥有自主知识产权、核心技术、带动和示范效应的龙头企业太少，缺乏大企业大项目，品牌影响力不足，在企业规模、盈利、创税能力等方面与周边城市相比存在较大差距。

（4）土地规划粗放，统筹整合能力有待提升。中山市工业用地存量偏少，新增工业用地供给不足，早期土地规划粗放，导致当前产业发展与土地供应之间较难适配。镇街各自为政，存在招商恶性竞争等问题，资源难以统筹，重复建设、低效建设等矛盾突出，镇街产业发展缺乏统筹安排和区域协调，难以形成发展合力。

（三）对策建议

（1）加快镇村低效工业园改造。牢牢扭住“亩均效益”的牛鼻子，以正向激励和反向淘汰推动发展方式从粗放型向集约型转变，加快镇村低效工业园改造，建立健全产业用地全周期管理机制，对“低产田”和“高产田”实行差别化资源配置和政策支持，提升土地资源利用效率。

（2）推进“工改工”专项行动计划。按照镇域平衡、比例管控、以“工”定“居”、鼓励交储的基本原则，制定出台城市更新联动改造实施办法，落实各镇街“工改工”占比管控要求，以“工改工”拆除平整面积作为基数，按比例返算可新增申报居商类项目的面积。

（3）支持工业用地原地提容。为集约节约土地资源，支持企业增资扩产，对已出让的工业用地，符合规划要求的，可以申请提高容积率。为引导产业向工业保护线内集中，对其中已出让的一类工业用地，原容积率低于2.0的可以按控规成果勘误流程直接将容积率提高到2.0；其他已出让工业用地符合规划要求且经技术论证分析合理可行的，可以主动申请提高容积率，工业保护线内普通工业用地容积率可提高至4.0。用足用好中央《节约集约利用土地规定》等一系列政策，在符合规划、不改变用途的前提下，符合条件的工业、仓储用地提高土地利用率和增加容积率的，不再增收土地价款。

（4）完善产业用地容差审批政策。允许拆旧建新同步办理用地批准和规划许可手续。建立现状已有建筑的宗地拆旧建新同步办理规划手续的工作规则，在重大产业平台试点允许在拆除原建筑物时同步申请办理规划许可手续，无须等到拆除完毕再申请手续，以节省重建改建的时间，加快推进产业平台发展建设。

第三章 招商引资改革路径和保障措施

本章从改革路径的角度出发，重点研究如何整合分散在各部门的招商资源，建立全市统筹的“谋、选、招、落、服”一体化招商体系，并提出既具有一定前瞻性又具有可操作性的保障措施，为招引百亿级优质项目提供决策参考。

第一节　改革路径

一、加大招商引资制度创新力度

（一）全方位完善招商引资顶层设计

（1）树立以发展为导向的招商大局意识。在全市统一思路，以发展为导向树立“集中精力招大商、招大项目”的“一盘棋”招商大局观下，激发市招商引资工作指挥部各成员参与招商引资工作的积极性和主动性。

（2）组建一个招商引资工作专职机构。推进招商工作统筹管理，组建专职招商机构（如招商局、招商集团、驻京办等），推进“谋、选、招、落、服”一体化的招商体制机制改革，促进招商引资和产业发展相结合。

（3）建立一套统分结合的招商协调机制。搭建“市领导抓总，产业服务专班牵头，部门配合”的专业招商体系，理顺体制机制，完善考核评价体系，营造招商引资的浓厚氛围。成立以书记为第一组长、市长为组长的招商引资对外开放领导小组，按照“一个产业、一名领导、一套班子、一抓到底”的工作思路，成立不同产业服务专班，建立联席会议制度，定期研究、定期谋划、定期招商，统筹协调专项招商引资工作。组建项目常态化联络机制，加强市级核心部门横向合作，借助“城市大脑”建设，统筹部门平台信息，建立项目开发、入库、审议、决策、建设、监管等全过程资源共享库。

（4）探索招商项目准入审核权下放机制。改变按项目大小分析审批的做法，建立按项目性质“承诺审批制”和“先租后建制”相结合的产业用地项目准入机制。按照“企业承诺，市局审批，先租后建，加强监管”的原则，项目（企业）单位与重大产业平台达成投资意向的，先以租赁方式进场生产并在当地注册公司纳税，对需购地投资建设项目的先签订各类承诺书，承诺书内包括投资强度、产出强度、税收强度、规划、环保、节能、建设等具体建设要求，项目用地由项目所在地镇街或产业平台纳入供地计划，并由各行业主管部门承担对应监管职责，建立相应监管制度，加强事前事中事后全方位监管。

（5）完善招商项目市域有偿流转机制。试行全市范围内招商项目流转及考核指标分享办法，因项目“首谈地”落地条件难以满足的，由市招商领导小组办公室评估后安排流转，由“首谈地”和注册落户地按3：7比例分享项目签约资金、到位资金等考核指标；按1：9分享税收。

（二）多途径提升招商载体供给能力

（1）树立“以亩产论英雄”的项目准入机制。建立产业用地地价与绩效联动机制，完善企业发展质量的综合评价体系，设定“亩均税收”的项目准入标准，对“亩均税收”处于严重低下档次的企业予以淘汰清退，未达到承诺财政贡献等指标要求的企业须按照相应条款兑现或承担补偿责任。对产业链“补链”“强链”的重点项目，上交市招商引资工作指挥部按“一链一策”解决。

（2）优化土地出让方式和转型利用机制。推进“标准地”招商，深化项目用地“带方案”出让改革，用地单位可依据土地出让合同及审定通过的设计方案等，直接办理建设用地规划许可证、建设工程规划许可证和施工许可证。推广项目用地“按标准”出让政策，落实分区域分行业的绩效准入要求，实现“地等项目”。对存量工业用地“工改工”，符合规划及满足消防、安全、环保等要求的，以支持为原则，予以办理相关手续。

（3）探索闲置工业土地差异化盘活新机制。对闲置用地历史问题区别对待，优先解决“亩均税收”效益好的项目用地。一是存在政府原因和自身原因交错影响的，土地使用权人属规模以上企业且承诺“亩均税收”达到中山市准入标准，研究按征缴闲置费或延长动工开发期限方式处置；二是对自身原因导致闲置连续满两年的，探索以保本收回的方式处置，将闲置工业土地纳入新的供给渠道。

（4）实施先存量后增量先后有序的供地机制。实施“增存互动”的政策导向，优先盘活存量用地，开拓发展空间。统筹推进项目招引、土地征收、新增建设用地报批、存量用地处置等相关工作。项目招引优先选用存量用地或已扣减指标用地，缩短项目落地时间，同时争取指标用于支持产业用地储备，实现增量用地与存量用地的良性互动。

（5）充分利用集体建设用地实施项目招引。根据《中华人民共和国土地管理法》，成片开发范围外工业项目只能新增集体建设用地，且集体建设用地报批程序简单，审批层级低，可快速拿地开工。招商引资部门应结合项目本身特点，充分利用集体工业用地，促进符合条件的优质工业项目快速落地。

（6）探索合并新旧工业用地整合供地规则。针对工业用地合并、项目准入问题，建议探索对旧工业用地取消项目准入门槛，放宽登记时间限制，并允许新出让工业用地与已出让工业用地合并，解决地块碎片化问题。

（7）探索“工改工”改造方案审批事权下放。对于未纳入连片改造范围的单宗“工改工”项目，在评估所在片区现行控规合理性、项目改造必要性和具有效益贡献的前提下，探索试点下放项目改造方案审批权限；探索对“工改工”项目进行分类管控，对于政府主导确需进行土地整备和连片开发的低效工业园区，并联单元计划、单元规划等审查审批流程。

二、完善招商资源要素统筹管理

（一）建立项目信息联动机制

由市招商引资工作指挥部办公室牵头，各镇街、部门共同参与，形成项目信息收集、筛选、传递、跟踪全过程畅通的工作机制，并将其纳入目标考核。各镇街及市级各部门及时向市经济合作工作领导小组办公室报送招商项目信息，领导小组办公室会同市产业招商小组办公室在 2 个工作日内完成项目信息研判并明确项目“首谈地”。“首谈地”享受项目流转机构的产值和税收分成。

（二）打破常规创新招商方式

改变传统“以资源换项目、以资源换产业”的思路，树立“为发展而招商”的新理念，以重大产业平台规划建设为契机进行整体开发规划，实行产业链招商、“标准地”招商、资本招商、以商招商，带动相关产业发展。充分利用各类商会的招商引资平台和中介作用，探索实施委托招商、中介招商等新模式，拓展项目来源渠道。聘请专家学者、知名企业家、有影响力的行业专家作为招商顾问，在各职能部门中抽取行业领域专家，与重大产业平台招商工作专班组成一支新型的产业链招商工作队伍，帮助中山市进行招商分析研判，减少研判失误，提升项目招引的科学性。

（三）打造招商要素“强磁场”

进一步强化土地资源要素保障，扩大增量和盘活存量用地并举，保障国土空间规划新增建设用地规模向重大产业平台倾斜，新增用地指标优先保障重大产业平台建设。以招商引资工作的要求，持续推进重大产业平台土地收储和土地整备实施方案，对连片收储的工业用地给予一定奖励，通过正向激励和反向倒逼政策进一步提升整备效果。加快推进重大产业平台城市设计方案，统筹优化配置空间规模、布局和开发时序，合理做好连片地块控规配置，推进土地连片整备利用，提升土地综合效益。

（四）以点带面推进链式招商

坚持“走出去”和“请进来”相结合，提前谋划制定招商路线图，围绕本地产业集群发展需要，精准对接产业，集中专业招商人员，组建招商工作专班。探索开展小分队招商、展会招商等针对性强、实际效果明显的招商引资活动，提高项目的对接率和成功率。

三、加强“链长制”招商带动作用

（一）精准破除要素市场壁垒

建立“链长制”协调机制。总链长由市委书记、市长担任，研究需市级层面综合协调解决的重大事项。副总链长由分管工业和信息化工作的副市长担任，负责协助总链长工作。各产业链“链长”分别由市人大常委会主任、市政协主席、市委常委、副市长等10位市领导担任。镇街级链长由地方党委书记、镇长（道长）担任，负责落实市“链长制”有关任务部署，推动所在镇街产业链发展。理清“链长制”行政边界，制定“权力清单”和“责任清单”，明确“链长”以及不同职能部门所承担的权力和责任。健全“链长制”权力清单和责任清单动态调控机制，及时对各部门职责边界模糊、推诿扯皮等问题研究提出解决方案，明确或调整相关部门职责。增加“追责清单”，建立政府越界违规问题的反映和举报绿色通道，实行责任监督和责任追究。

（二）精准引导产业链升级

推动实施重点产业链链长制，梳理一批50亿元级、100亿元级目标企业清单，制订具体拜访计划，分类施策，着力“招大商”，发挥“航母级”企业的上下游带动作用。推进长三角联络处驻点工作，加强和驻京办的联络对接，以地方驻点辐射京津冀、长三角、大湾区三大片区，促进“大招商”。

以产业链调研为基础，以产业技术图谱为蓝本，明确主导产业、战略性新兴产业和未来经济的完整产业链所包括的各个关键环节，完善链上重点企业及上下游核心关联企业清单以及技术、人才等信息，形成产业链发展资料汇编。通过产业链发展实际状况，精细梳理出目前各产业链的存量状况、优势以及缺失环节和问题所在，明确各类产业需要重点引进、投资建设的关键环节、关键资源以及需要重点延伸和完善的产品链。根据重点任务进行重点攻关和畅通产业链上下游关键环节，提出产业链现代化的发展思路、具体方向、总体目标和年度计划，协调重点项目推进以及扶持核心企业发展，形成各产业链发展的招商指南、创新指南以及空间布局指南，强化产业链韧性。

（三）精准对接国际国内两个市场

立足顺畅国内国际双循环，通过引育壮大产业链龙头企业，打造高层级产业链发展空间平台和共性技术支撑平台。发挥我国内需潜力巨大、市场规模超大的优势，积极利用国际国内两个市场、两种资源，立足中山市产业基础，发挥自身优势，由关键点引领产业链，由产业链带动产业面，由产业面交织成网络系统，通过不断优化营商环境、积极招商引资，补足产业链上的短板，推动产业链中的点、线、面、网不断升级，形成全球资源要素的引力场以及高质量对外直接投资，最终推动产业链的区域互动与全球对接。聘请和培育产业技术发展指导专员，打造产业链专业招商队伍，服务产业链精准对接国际国内两个市场，推动企业加快发展。

（四）精准服务产业链高质量发展

支持引导企业、高等院校、科研机构积极参与基础性、前瞻性、引领性的科研项目，引领科技发展方向，为“未来产业”建链补链。提高区域一体化与全球化思维，有效攻克产业链“难点”。了解掌握本区域产业链“底图”“蓝图”“架构图”“路线图”以及国家产业链“总图”，以关键性技术和共性技术为突破口，集中优势资源优先布局“卡脖子”的产业和技术，并实现产业区域优势互补，避免同质化竞争。提升产业链治理能力，彻底打通产业链“堵点”。“拆除”各类行政治理的空间边界“藩篱”，采取“一链一策”的方式建立问题快速解决机制，帮助企业解决跨省、跨境产业链协同问题，全力疏通堵点、连接断点，有效解决产业链循环中的“第一公里”“最后一公里”和“最后一百米”问题。围绕产业链部署人才链，通过人才链提升产业链，由市工信部门聘请产业链专家组织全市招商工作人员开展产业链专业知识学习，准确把握产业技术“前沿点”，提高招商人才的产业链招商水平和能力。

四、加强产业“链主”龙头带动作用

（一）扶持具有生态主导力的“链主”企业

由龙头企业董事长（总经理）、产业协会和联盟负责人、科研院所专家、有经验的园区运营者担任链主（可根据产业链细分领域设置若干分链主）。“链主”负责组建工作专班，在关键领域率先建立行业标准，联合中小企业围绕产业链关键环节开展协同攻关；联动制订产业链工作计划，协同推动重大规划、重大政策、重大工程、重点项目、重要资源和重大工作的配置及落实等。着力培育具有国际竞争力的企业群，打造一批世界级领军企业和“链主型”企业、高市值上市企业、单项冠军企业、隐形冠军和“小巨人”企业，大范围培育科技型中小企业，推动企业结构优化、制度创新、层次提升。

（二）支持产业链招商，集中力量办大事

梳理分析各产业定位和比较优势，描绘产业链招商对象画像，谋划各产业链招商策略。围绕目标企业投资需求，结合产业发展规划，量身定制产业链招商方案，引导目标企业在区产业链上下游中找到投资切入点，让客户投资后即能投产、投产即能快速营利，打造招得来、留得住的良好局面。充分发挥产业特色，精准开展招商活动，延补产业链条，培育壮大优势特色产业集群。以“促进发展”为招商出发点，集中招商资源，加大有效投资和重大项目招大引强，大抓“链主型”企业和关键企业的招引，加快建设一批高能级制造业平台，以更大力度、更高质量投资推动产业优化升级。

（三）支持产业链行业联盟和商协会发展

鼓励“链主”企业与中小企业组成联合体参加政府采购，符合条件的，增加面向“链主”企业及上下游配套企业的政府采购。鼓励各类主体加快建设为产业创新发展提供质量可靠性试验验证、标准验证与检测、计量检测等基础支撑的公共服务平台，符合条件的，可按照规定给予一定比例的补助。对成立全国性行业协会的按照规定给予一次性奖励，通过政府购买服务等方式促进行业协会发展。对各产业链企业和行业协会牵头举办的各类产业活动，符合条件的，按照规定给予一定比例的补助。

五、加强招商产业基金高效应用

（一）加快政府引导基金生态圈建设

研究和出台产业引导基金的相关政策，有针对性地研究完善人才、工商、税收、会计等方面的配套政策，形成良好的政策环境。创新制度设计，完善基金管理委员会和投资决策委员会等管理决策机制，形成有效的

体制机制供给。积极发展新模式，不断为社会资本创造条件，使那些风险高、回报低、周期长的领域有更多的社会资本有意愿、有兴趣参与进来。根据中山产业发展现状，在合伙人注册地、收益分配比例、市场监管、投资决策等方面稳妥有序地放宽政策的条条框框，使更多优秀合伙人与创新创业资源加快集聚，使引导基金如涓涓细流长久不绝。

（二）多渠道集聚社会资本共投共享

充分发挥政府信用的背书作用，放大财政扶持杠杆作用，通过吸纳大中型企业与政府引导基金一起设立母基金，吸引各类多元化社会资本的聚集，形成有效资本供给。根据被投资企业所处的行业、产业生命周期，实行分类管理，发挥引导基金的平台优势，将企业和创投机构对接在一个平台上，进而发挥创投机构的专业优势。政府引导基金除以直接投入资金换取被投资企业股份的方式进入外，还可与社会资本合作成立多只子基金进行市场化运作，由子基金以股权形式投入被投资企业。

（三）优化基金管理机构市场运作机制

建立公开遴选机制，按市场规律择优选择，设立市产业投资基金，并将产投基金交由更专业、更有优势的基金管理公司或团队进行运作，不断提升资金的使用效率与质量。加强与创投机构的合作，利用创投机构的资本、管理、技术、渠道等优势，通过市场化手段实现资源的高效配置与利用。完善法人治理结构，维护基金中小股东的利益，通过采取合伙人制度、股东投票权差异化安排等措施推动混合所有制改革。

（四）全方位提升投资风险防范水平

对政府主导成立的产业投资基金采取 FOF（Fund of Funds，又称基金中的基金，专门投资于其他基金的基金）管理模式，借鉴“基金管委会 +

基金法人机构+基金运营机构+N个子基金”的“3+N”管理模式进行市场化运作，提高基金风险防控能力。充分发挥市场投资机构专业运营优势，通过采取尽职调查、专家会审、共同认证、投后管理等措施，对资金安全性进行全方位、全过程追踪监控。设置前置条件，规定产投基金对单个企业的支持额度，规定禁止性投资行为，事先协议约定引导基金的优先分配权和清偿权。实行分散投资的办法，提高资金的安全性，降低资金风险概率，稳定基金总体收益水平。建立政府产投基金风险补偿机制，对投资中引发的外部性活动予以适当补助和补偿。

（五）细化考核标准及绩效结果应用

将政府引导基金纳入财政预算考核评估评价体系范围，由财政部门牵头负责，会同相关部门对基金管理使用状况进行综合评估和考核。对基金“募、投、管、退”全流程进行定性与定量考核，重点在带动后期融资、科技成果转化、专利发明、基金收益、社会贡献、风险控制等方面进行考量，从不同维度综合考评其社会效益和经济效益。

六、完善招商队伍体系编制管理

（一）优化调整专业招商队伍

通过推荐选拔、公开选聘等形式，选聘一批政治素质好、熟悉经济工作、交际能力强的人员组成专职招商队伍，在全市组建一支规模100～300人的专业招商队伍。① 对于招商业绩特别显著的，解决事业单位编制，并可享受招商优惠政策规定的奖励。聘用先进地区经济开发区主任、招商局局长、商会负责人等为招商顾问，将招商事项和项目提供给招商代理人（包括国内外法人或自然人），由招商代理人按照中山市招商管理部门的要

① 据课题组调研，肇庆市常年有300多名招商干部在外驻点招商。

求依法从事代理招商活动，为中山市提供相关信息、项目。

（二）提高招商人员专业素质

建立长效招商培训工作机制，制订并落实专职招商人员业务培训计划，突出招商实务培训，不断丰富招商引资人员的专业知识。每年通过集中授课的方法，统一开展专职招商人员业务培训，并列入市委党校主体班次。对重点的专职招商人员，送到高等院校强化训练，增强专门技能。以培训积分制方式督促专职招商人员自主学习，鼓励其利用业余时间积极参加5G、区块链、健康医药、股权投资等与产业链升级和新型招商模式相关的各类专业知识学习。由市委组织部从市直部门（特别是市直综合、经济管理等部门）中，选调一批政治素质好、经济知识丰富、社交能力强的年轻新晋干部，到镇（街道）或重大产业平台产业园区挂职任副书记（副主任），专职抓招商工作。对招商实绩特别突出的，经组织考核可作为副镇长（副主任）的人选。

（三）加强招商人员考核管理

对专职招商人员建立档案，实行跟踪管理，通过电话、传真、函询、抽查等形式督查其驻点工作情况，发现未驻点招商的，予以通报批评，累计三次者取消招商资格，回原单位待岗；未完成年度招商任务的予以撤换，年内不得提拔重用；对以上人员已报支的费用（包括启动资金），按照50%的比例予以退还或从工资中扣除。对招商实绩突出、考核优秀的专职招商人员予以表彰奖励，授予“招商达人”荣誉称号。对有突出贡献的，组织部门在选拔干部时优先予以提拔重用。综合考核为基本称职的，当年度予以诫勉谈话。综合考核为不称职或连续两年基本称职的，退回原单位，雇员制招商人员不再续聘。

七、发挥社会团队专业机构作用

（一）建立与中介机构的战略合作

借助产业智库、证券公司、投资公司、咨询公司、律师事务所、会计师事务所、行业商协会等中介机构的优势，开展全方位、多层次、宽领域的合作，引导其参与中山市招商引资。一是建立战略合作关系。选取一批综合实力强、业务资源广的中介机构，特别是国际性中介机构，通过签订战略合作协议或委托书的方式，建立正式、稳固的战略合作关系，为中介机构开展招商提供依据。二是建立联合推介机制。聘请中介机构从市场角度分析评估中山市招商引资环境，查找、确定中山市的比较优势，共同编发中山市招商引资推介报告，同时借助中介机构的信息平台，充分展示中山市投资环境和优势，营造良好的开放发展氛围。三是建立投资信息互通机制。向中介机构提供中山市经济社会发展情况、资源优势、投资需求、投资政策等信息。中介机构负责根据中山市经济社会发展需求，提供国内外企业的投资动态和意向，并协助与这些公司对接，有针对性地开展招商，提高招商的实效。四是建立业务协作机制。对中介机构受客户委托在中山市开展投资前期调研、考察等业务活动，中山市有关部门为其提供便利，并鼓励中介机构为受托方出具意见或报告时积极推介中山市营商环境和投资优势。

（二）建立对中介机构的激励机制

研究出台对中介机构的奖励政策，调动中介机构参与中山市招商引资的积极性。一是资金奖励。对中介机构主导引进的招商引资项目，依据贡献大小，按照项目投资额、财政贡献等指标进行奖励，对引进对中山市产业升级具有重大意义的项目在原有奖励基础上可以再增加一定比例的奖励金，充分调动中介机构的积极性。二是业务激励。各级政府及部门在履行职责过程中需向中介机构购买服务时，优先考虑与中山市建立有战略合作关系且为中山市招商引资作出实际贡献的中介机构。三是平台激励。中山市在境内外举办的重大招商活动中，优先邀请与中山市建立有战略合作关系的中介机构参与。

（三）加大对中介机构的扶持力度

研究实施扶持政策，吸引国际知名中介机构来中山市设立分支或代表机构，为中山市经济社会发展提供全方位、多层次、优质高效的服务。对新入驻的中介机构，在一定期限内，按中介机构对属地地方财政贡献分别给予一定比例的奖励；对租用办公用地等费用给予补助；聘用人员符合引进高端人才政策的，按照规定纳入扶持范围。同时，积极支持中山市中介机构抓住“粤港澳大湾区”建设等机遇，提升自身综合实力，积极向市外、境外拓展业务。

八、打造最具性价比的营商环境

（一）深化招商引资领域“放管服”改革

简政放权、放管结合、优化服务改革是一场刀刃向内的政府自身革命，也是深化全市招商引资体制机制改革的重中之重，更是推动政府职能深刻转变、极大激发市场活力、打造市场化法治化国际化营商环境的战略举措。一是要做到“放得活”。视实际工作需要，启动差异化放权改革，通过简政放权，降低准入门槛，提高镇街招商积极性。针对当前镇街普遍反映的招商流程复杂、项目评审环节多、前期论证时间长、监管条件弹性少等问题，经严谨论证后，放权给火炬开发区（含民众街道）和翠亨新区（含南朗街道）分别负责辖区内项目准入及评审事项（涉及市级扶持的招商引资意向产业类供地项目准入及评审事项除外），准入及评审结果上报市招商引资工作指挥部备案；有条件、有意愿的镇街主动提出申请，经市招商引资领导小组同意后自行组织项目准入及评审事项。二是要做到“管得住”。加大市招商引资工作指挥部在重大产业平台的统筹力度，通过创新监管，促进公平竞争，重点解决产业平台招商统筹推进问题。进一步强化市招商引资领导小组统筹全市招商引资工作的职能，下设市招商引资项目准入评审委员会，统筹火炬开发区（含民众街道）和翠亨新区（含南朗街道）涉及市级扶持的招商引资意向供地项目（产业类）、其他镇街的招商引资意向供地项目（产业类）的准入及评审事项。加强对重大产业平台城市设计、产业定位、土地整备、项目招商、资金配套等项目前期的统筹力度，加强对项目选址、指标供给、产业配套等建设的协调力度，加强对建设投产、经济效益、产值贡献等建设后期工作的监管力度，做到“以管促招，以管促投、以管促产、以管促服”的大统筹新局面。三是要做到“服务好”。在招商队伍保障、资源要素流动、产业创新配套、市场需求引导、政策引导帮扶等领域精准发力，探索零地招商鼓励政策，创新服务业招商促进办法，形成稳定、发展、提升的产业发展长效机制，通过高效服务，营造便利环境。

（二）构建产业平台服务创新保障体系

鼓励加强招商引资的服务水平，立足重大产业平台构建“一条龙、一体化、一站式”的招商服务体制。一是建立“十个一”工作体系。即一份产业链图谱和清单、一张产业“链主”企业名录和重点项目表、一份“标准地”招商数字地图和“标准地”招商产业导向指南、一张低效工业厂房升级改造计划表、一张产业链招商清单和工作计划、一支产业投资基金和产投基金服务团队、一个产业链战略咨询支撑机构和综合公共服务平台、一个产业招商智库和一支由体制内外产业专家共同组成的产业链招商工作专班、一套综合评价和绩效考核指标体系、一个政策支撑体系，并在督促考核以及要素支撑上给予最大力度支持。二是创新五项政策。即完善土地整备政策，重点围绕农村集体经营性建设用地、闲置土地、企业闲置用地等不利于土地连片整备的难点堵点，探索制度创新，为招商引资开路搭桥；简化审批流程，对“标准地”招商项目实施绿色通道，对“补链、强链、拓链”重点项目实施蓝色通道，开辟招商项目落地的“中山高速路”；加强政策奖补力度，对符合规定的重点招商引资项目给予更大力度的补助，对作出重大贡献的外部招商机构给予奖励；探索重大项目高管个人所得税费以奖代补机制，争取实现“引进一个人才带来一个团队，兴办一个企业带动一个产业”的人才招商新机制；完善资本招商制度，加强对产业链核心关键环节企业和“补链、强链、拓链”重点项目的金融支持力度，以真金白银支持企业参与市场竞争。

（三）构建全方位一体化招商服务机制

面向重大产业平台、重点产业链研究出台《重大产业平台全程代办服务制度》《重点产业链规模以上企业首席服务官制度》等管理办法，由牵头部门一把手联系重点产业链规模以上工业企业和重点工业项目，深入企业一线、主动靠前服务，帮助解决企业生产经营中遇到的困难，助推企业快速发展。同时，在市政务服务中心设立重点产业链招商引资综合服务绿色通道，对重点招引项目实行“一对一”服务，全程为企业代办营业执照、项目审批等手续，做好企业员工子女入学、社保等服务工作，为项目招引、签约、落地、建成投用开辟“快车道”。

第二节　保障措施

一、加强组织保障

组建成立招商引资统筹机构（驻京办、投资促进局、招商局等，暂定名），行政级别定为正处级，将全市招商引资工作体制机制改革推向实处。强化市招商引资工作指挥部统筹、指导、调度和督办作用，及时研究解决重大产业平台招商和产业链招商过程中遇到的重大问题。市直部门和单位要坚持“管行业也要管招商”，按照责任分工进一步细化完善工作措施，研究制定相应配套政策，建立健全工作协调推进机制，配齐工作力量，根据工作职责承担好产业链招商、项目落地推进等工作，确保各项任务落地见效。镇街党委、政府落实招商引资工作主体责任，构建“党委领导政府主抓、人大政协参与、各级部门联动”的大招商格局。

市驻京办（或市投资促进局、招商局等，暂定名）统筹中山市市区、镇街两级力量，打造一支百人以上规模的专职驻点招商队伍，围绕北京、上海、深圳、广州等一线城市，成立驻点招商工作组，同时由市级部门和镇街分别成立由 1 名熟悉招商引资业务的干部担任组长、10 名以上熟悉招商引资业务人员组成的驻点招商工作组，大力开展驻点招商，主动对接广州、深圳、香港等大湾区核心城市产业溢出，精准聚焦产业项目引入。

二、完善工作机制

围绕项目谋划、落地、跟踪全过程，进一步优化工作机制。健全规划布局、环境准入、项目评估等工作机制，提升招商引资精准性；健全领导包抓、项目代办、要素保障、资金奖励等机制，加快推进招商引资重大项目落地；健全监督检查、成效评价等机制，强化招商引资工作跟踪考评；全力保障优惠政策兑现，各镇街将兑现招商引资优惠政策、产业扶持所需资金等纳入年度预算，制定完善资金管理办法，对经考核严格履约的项目，按时兑现招商引资优惠政策。统筹调度财力，优先保障重大招商引资活动、驻点招商、客商接待、项目尽调和前期研判等工作经费，将市产业招商小组驻外工作经费纳入市财政预算。设立产业投资基金，加大注资力度，扩大产投基金基本盘，对优质产业项目可采取参股、跟投等方式给予支持。

三、提升营商环境

一是统筹推进重大产业平台营商环境建设管理、“放管服”改革、行政审批制度改革、投资项目审批制度改革，重点招商引资企业手续代办服务等方面的组织、协调、督办、落实等工作。二是创新招商项目审批制度，对照松山湖做法探索实行“告知承诺 + 负面清单 + 信用监管”审批服务新模式，增强审批服务动能。三是全面提升招商引资全生命周期服务水平，建立重大招商项目一站式服务机制，由专职服务团队实现全程代办服务，搭建重大项目落地服务绿色通道。

四、强化督查考核

一是由招商引资工作领导小组办公室牵头设定招商引资成效评价指标，加快修订完善镇街招商引资工作绩效考核办法及项目流转办法，加强市镇招商引资纵向统筹。二是出台《重大产业平台招商引资督查考评办法》，突出专班运行、对接拜访、产业发展、税收收入、满意度评价等重点，对各产业专班招商引资和项目情况实施月通报、季考评、半年小结、年度总评制度，建立科学全面的考评体系。三是将招商引资工作纳入各乡镇街道、市直各部门三大主体工作考核内容，实施定额考评，对项目引进的主要作用人予以奖励，对招商先进个人予以表彰，并计入干部选拔任用优先条件，持续激发招商引资工作动能。四是邀请市人大、政协和各相关单位对招商引资工作跟踪问效，对重大产业平台招商、产业链招商、行业招商、项目落地等工作情况进行督促检查，每月对招商引资目标任务完成情况进行督查和通报。五是将招商引资工作情况纳入市级领导、各镇街及市级部门主要负责同志年度述职重要内容，将考核结果作为各镇街和市级各部门主要负责人个人年度考核的重要依据。六是对招商引资工作成绩突出的干部，在同等条件下优先使用；对推进工作不力，特别是在重大招商项目引进和落地建设工作中推诿扯皮和不作为、慢作为、乱作为的干部，依照相关规定进行问责。

五、加强统筹协调

一是建立为重大产业平台量身定做的招商机制，针对每个重点产业确定一个牵头领导、组建一个专业运营机构、落实一套工作推进方案、制定一套专项扶持政策、建立一个专业项目库、绘制一张招商地图、成立一支专业招商队伍、实施一套考核激励机制共“八个一”的工作体制。二是以“最多跑一次”引领中山市审批制度改革，强化重大招商引资项目“招—批—管”协同机制，全面落实项目全程代办。三是支持各镇街加快招商承载平台的基础设施配套建设，加快弥补平台的配套设施建设短板。充分运用大数据技术，搭建招商引资云平台，实现全市招商服务的系统集成。着力做好引资落地精准服务，提高外汇管理、通关、保税物流、出入境、就医、就学、生活等方面的服务水平。四是进一步优化招商引资政策体系，使中山市各类政策针对性更强、扶持力度更大、操作更简便易行，并及时梳理和更新、汇编中山市投资优惠政策手册。五是在市政务服务中心设立招商引资绿色通道，加大招商引资宣传力度，选树招商引资功勋（先进）人物并落实相关待遇，不断营造“亲商、安商、富商”的良好氛围。

地方政府重大产业平台
招商引资体制机制改革实施方案

——以广东省中山市为例

中　编

第四章

重大产业平台产业链招商实施方案

为抢抓“双区驱动”重大历史机遇，贯彻落实市委市政府关于优化营商环境、提升招商引资水平的工作要求，高质量推动重大产业平台产业链招商工作，实现产业转型与招商引资联动发展的良好局面，本研究提出以下实施方案。

第一节　基本情况

一、现状分析

（一）重视构建产业链招商引资新模式

2020 年 6 月中山市政府正式出台了《中山市关于实施重点产业链链长制工作方案》，聚焦生物医药、智能家电、光电光学、灯饰光源、五金锁具、特殊食品和化妆品、新能源、现代物流、金融业、文化旅游 10 个重点产业领域，由市领导担任产业链链长，按照“一位市领导、一个牵头部门”的工作模式，协力推进产业链发展。同时，聘请国内产业研究机构深入研究梳理产业链发展现状，对产业集群进行“画像”，全面掌握产业链重点企业、重点项目、重点平台、关键技术、上下游配套、制约瓶颈等情况，形成产业链“三个一”工作内容（即每条产业链形成一份“链主”企业、重点企业清单，一份重点发展项目清单，一份招商引资目录）。2020 年全年，中山市固定资产投资同比增长 21.5%，增速位居全省首位，其中，先进制造业固定资产投资同比增长53.2%，高技术产业（制造业）固定资产投资同比增长83.4%。①

2021年商务部印发《关于围绕构建新发展格局做好稳外资工作的通知》，明确加大产业链招商力度，推动国际国内产业链对接融合。同年，中山出台《中山市高质量推进招商引资工作实施意见（2021—2023年）》，强调以高质量招商推动产业转型升级，促进经济高质量发展，聚焦产业链、供应链、创新链，开展强链、补链、拓链精准招商，引进投资规模大、带动作用强、科技含量高的优质项目，为经济高质量发展增添动力。

（二）加快建设重大产业平台招商载体

《2021年中山市政府工作报告》提出，中山要加快打造参与“双区”建设的重大平台。建设重大功能平台，集中优势力量推进翠亨新区建设，加快科技金融新城等重点片区开发，大力发展生物医药、低温装备、精密制造、数字经济等战略性新兴产业，打造参与大湾区建设的主阵地。充分发挥火炬开发区创新发展主引擎作用，谋划建设湾西智谷、科技新城中轴线等产业总部带，推进先进装备制造、生物医药、光电信息三大优势产业提质升级。高标准推进岐江新城开发建设，统筹做好控规编制和地下空间设计，推进重点片区土地整备，着力引进总部经济、现代贸易、金融服务、文化创意等项目，打造城市未来新客厅。推进中山科学城、南部新城、北部产业园、西部产业园规划建设。

（三）推动招商项目落地机制日益完善

2019年出台《中山市重点招商引资产业项目落地推进机制的工作方案》，梳理出项目落地推进14个阶段49个环节所涉及的责任单位和所需时

① 《2020年中山市固定资产投资增速领跑全省》，中山市统计局网站，http://stats.zs.gov.cn/zwgk/tjxx/tjzl/content/post_1910451.html。

限，建立起“一个项目一张表制度”，从制度上明确了镇区和部门的职责和办理时间。为进一步加快项目推进效率，开发建设“中山市重点工业项目推进管理系统”，对重点项目落地进行进度管控和过程统筹，镇区定期报送重点工业项目进展情况，部门积极跟踪协调好重点工业项目的推进工作，加快推动项目早落地、早动工、早投产。

二、存在问题

受近年全球新冠疫情、产业结构深度调整影响，经济下行压力进一步加大，而企业原料成本、用工成本、环保成本、物流成本等却不断攀升，区域竞争日益激烈，招商引资难度加大。近年来，各级党委政府高度重视招商投资工作，招商引资工作整体上取得了新进展新突破，但也存在一些突出问题。

（一）项目偏小偏散，招商项目规划性统筹性有待提质

招商引资项目表现为小项目多、大项目少，尤其是缺乏产业补链、产业配套以及科技含量高、发展潜力大的项目和龙头企业作支撑。当前，多数项目和落户企业以单体形式存在，未能形成以某一龙头企业或行业为中心的产业集群与产业链条，不能与重大产业平台定位和重点产业集群发展相匹配。

（二）招商资源分散，重大产业平台统筹机制有待完善

重大产业平台包括火炬开发区、翠亨新区、岐江新城 3 个核心平台及 4 个万亩级重大产业平台，横跨 18 个镇街，区域涉及多个行政主体，交通、市政、招商政策、产业配套等软硬件设施统筹不足，平台间的交通网络和要素流通不够通畅，分散的招商资源和各自推进的建设模式难以形成全市招商“一盘棋”，统筹发展的合力尚未得到充分发挥。

（三）空间载体约束，全市链式招商引资体制有待理顺

链式招商是依托优势产业，大力开展产业招商，围绕产业链条延伸，与产业内的优质企业开展合资合作，注重增、强、优，注重产业链条的耦合和配套，招引和落地一批科技含量高、带动能力强的重点项目。受征地拆迁、三规合一、用地指标（农转用、耕地、水田等）、土地整备等的约束，以“标准地”为载体的链式招商模式尚未贯通全市，从“横向开发转向纵向开发”的观念还有待加强，强链、补链、拓链的招商工作还有待完善。

（四）项目落地困难，优质高效开放营商环境有待提升

产业用地类招商项目从前期洽谈到开工建设再到建设投产，要经过“项目洽谈（镇街）—项目呈批（商务局）—三会审议（项目准入评审会、规委会、土委会）—签协议（政企）—办手续（企业）—供地（自资局）—项目落地（工信局）—项目建设（住建局）—项目履约（镇街）”的流程，共需要经历 14 个阶段 49 个环节，涉及超过市 16 个部门、25 个镇街，项目进入后到开工建设才算真正落地。在招商项目落户过程中，项目方既要面对针对投资强度、产出强度、税收强度的投资监管，又要面对土地供给和投资建设的投资决策，还要面对生产管理和市场竞争的经营风险，是营商环境最直接的感受方。招商项目落地投产涉及的行政单位多，服务链条长，相比深圳、广州国际化的营商环境，相比前海、南沙、横琴自贸区开放的政策体系，相比佛山、东莞完备的产业配套，相比江门、惠州广阔的土地资源，中山身处大湾区地理几何中心，要想发展得好，避免发展不善带来的马太效应、虹吸效应，迫切需要通过营造优质高效开放的国际化营商环境，以一流的招商、安商环境吸引全球高端项目。

（五）专业人才不足，招商队伍专业素质有待提高

当前的招商工作主要由政府工作人员负责，招商工作量较大。同时，招商人员不固定，专业化招商人员较少，兼职招商人员缺乏相应的业务知识和法律法规知识，没有形成较为系统的招商理念，能力和精力有限，影响招商工作的执行能力和服务水平。产业链招商引资涉及面广，专业性强，对招商队伍人员素质要求较高。懂规划、懂技术、懂策划、懂谈判的专业招商人才较为稀缺，招商人员在宏观经济形势、产业导向、细分产业领域等方面还有很多需要学习的地方。据统计，全市从事招商引资的工作人员约 350 人，其中专职人员约 80 人，占比仅 22.86%，一人多岗、一岗多职的现象普遍存在，熟悉现代产业招商和具备规划、建设等专业技能的人才十分匮乏。除火炬开发区、翠亨新区等拥有专业招商服务团队外，多数镇区从事招引、落地服务的人数寥寥，一定程度上影响了项目进度。2017 年成立的市招商公司，当前也面临人才频繁流失、激励严重不足、容错机制尚未建立等问题，严重阻碍了公司向市场化、专业化发展的进程。

第二节　经验借鉴

一、广州汽车产业链招商案例

广州市是全国三大汽车生产基地之一，也是国家汽车及零部件出口基地、国家节能与新能源汽车示范推广试点城市。汽车产业发展总体形势良好，支柱产业地位突出，是拉动广州经济社会发展的强大引擎。2020 年广州汽车制造业实现工业总产值 5 860.26 亿元，同比增长 3.8%，占全市规模以上工业总产值的 29.3%，汽车年产量在 2019 年、2020 年连续两年居

全国城市首位。[①] 广州汽车产业招商是产业链招商发展的一个典型。

（一）以整车厂发展为突破口，招引整车龙头企业打造汽车产业链，推动汽车产业集群化发展

日系汽车具有品牌和整车生产优势，广州把日本丰田、本田、三菱等汽车厂作为主要招商对象。1998 年，广汽本田汽车有限公司成立，该公司是由广州汽车集团公司与日本本田技研工业株式会社共同出资组建的合资公司，双方各占 50% 的股份。继本田之后，2003 年，东风汽车有限公司乘用车公司在广州花都成立；2004 年，广州丰田汽车有限公司成立，日系三大品牌（本田、日产、丰田）相继落户广州，奠定了广州汽车产业基础。在合资整车厂成功的基础上，广州开始筹划股权多元化改革，实行技术攻关和汽车品牌战略，培育了广汽传祺、东风启辰等自主汽车品牌。截至 2020 年，广州拥有 15 家整车生产企业，其中，12 家乘用车企业为广汽集团、广汽本田、广汽丰田、广汽乘用车、广汽新能源、广汽菲亚特、东风日产、东风启辰、北汽（广州）、小鹏汽车、宝能汽车、恒大汽车；3 家商用车企业为广汽比亚迪、广汽日野、广州穗景。

（二）从整车向汽车零部件拓展，补齐汽车产业链，打造全球汽车零部件供应基地

在招引本田、日产、丰田等整车厂落户成功后，广州出台了一系列的扶持政策，引进了数百家与这三大厂商有合作关系的核心零部件配套企业落户。为了能够进一步补齐和做强汽车零部件产业，广州把招商重点放在了最核心的零部件——汽车发动机上，采用“以商招商”的策略，最终成功引进丰田发动机厂。为了能为丰田发动机厂的经营和发展创造最优越的

---

① 《汽车制造业成 2020 年广州工业增长“主引擎”》，广州市人民政府网站，http://www.gz.gov.cn/ysgz/xwdt/ysdt/content/post_7066571.html。

条件，广州市为其提供了全方位的服务和人性化的生活配套设施，广东省委、广州市委还特批南沙为广州丰田项目提供“三通一平”的支持。为了让员工有一个便利舒适的居住和生活环境，广州专门规划并投资6.9亿元建设了建筑面积达27万平方米、可同时容纳1.2万人居住的员工生活园区。园区内除了住宅楼之外，还配有商业区、综合服务区、休闲娱乐运动区及幼儿园等设施。当地政府围绕丰田及丰田发动机项目，专门调整公交线路，并提前开通地铁四号线直达该区，有效提高了该区的交通便利度。2016年，广州市政府发布了《广州市人民政府办公厅关于印发广州国际汽车零部件产业基地建设实施方案的通知》，设立广州市汽车零部件产业发展资金，每年对汽车零部件产业基地招商引资项目进行奖励扶持，新落户企业最高可获奖励5 000万元。

（三）结合产业发展新趋势，积极招引布局新能源汽车、智能网联汽车等新兴产业，引领产业转型升级发展

2018年，广州市政府发布《广州市汽车产业2025战略规划》，提出了打造国家智能网联新能源汽车产业化示范区的总体目标。在传统汽车制造产业的基础上，广州围绕新能源智能汽车产业链开展精准招商。一方面，鼓励推动龙头企业拓展业务，向新能源汽车、智能网联汽车业务发展，当前广汽新能源、东风启辰、广汽比亚迪等企业已经实现新能源汽车量产。另一方面，积极吸引小鹏汽车、宝能汽车、文远知行、小马智行、广汽蔚来、恒大国能等掌握核心技术、具有巨大成长潜力的企业落户。2020年，广州市新能源汽车实现总产值达121亿元，同比增长29.2%，增速比汽车制造业高出25.4个百分点；新能源汽车年产量7.98万辆，同比增长17.3%，增速比汽车产量增速高出16.1个百分点。[①]

① 《汽车制造业成2020年广州工业增长“主引擎”》，广州市人民政府网站，http://www.gz.gov.cn/ysgz/xwdt/ysdt/content/post_7066571.html。

二、成都电子信息产业链招商案例

2017 年 9 月，成都市为了推进电子信息产业发展，以电子科技大学为核心，以郫都区和高新西区为两翼，建设总规划面积为 121.4 平方千米的电子信息产业功能区。2020 年，成都电子信息产业规模达到 10 065.7 亿元，同比增长 19.8%，成为成都首个产值破万亿元的产业，其中规模以上电子信息产品制造业营收同比增长 30.7%，规模以上企业数量已超过 1 400户，从业人员超过 60 万。[①] 成都电子信息产业聚集了英特尔、IBM、格罗方德等 60 余家世界 500 强和国际知名公司，整体上形成了从集成电路、新型显示、整机制造到软件服务的全产业链条，是全球最主要的电子信息产业基地和国内电子信息产业重要增长极。

（一）依托“两图一表”开展电子信息全产业链招商

为了科学谋划成都电子信息产业功能区发展，成都市政府专门制定了产业链全景图、产业生态发展路径图、重点企业和配套企业名录。产业链全景图按照芯片电子信息的设备、原材料及零部件配套，集成电路设计，晶圆制造，封装测试，终端应用环节进行分类。同时按照行业领军企业、成都企业、关键短板、突破方向，结合电子信息产业功能区自身情况，量身划定了工作方向。功能区围绕“两图一表”展开，结合产业发展需要，开展精准招商工作，先后引进旷视科技、中创为、拓米国际、住友化学等龙头企业 27 家，推进数码港等 17 个重大项目。

（二）聚焦“一芯一屏”，招引龙头企业做强产业链

围绕我国电子信息产业“缺芯少屏”的核心问题，成都提出“一芯一

① 《跃升　成都电子信息产业迈入“万亿级”》，成都商报网，https://e.cdsb.com/html/2021-01/29/content_693762.htm。

屏”攻坚突破集群发展，聚集“芯—屏—端—软—智—网”6大产业集群为一体，培育具有国际竞争力和区域带动力的电子信息产业生态圈。在产业招商和发展上，形成“龙头项目—产业链—产业集群”的发展思路。

在“一芯”发展上，成都提出着力形成设计业引领、制造业提升、封装测试业支撑、材料装备业配套的产业格局。早在2003年开始，成都就陆续招引了英特尔、戴尔、德州仪器、联发科、飞思卡尔、展讯等国际电子产业龙头企业。为了进一步增强在芯片研发、测试等方面的实力，2016年，成都积极推动英特尔将最新的“高端测试技术”引入成都工厂。英特尔成都工厂实现了集芯片封装测试、晶圆预处理和高端测试技术于一身的重大突破，成为英特尔美国境外唯一的高端测试技术工厂和移动设备新产品首发试制基地。2016年成都市人民政府与紫光集团、新华三集团开展战略合作，项目投资2 000亿元建设成都IC国际城，打造集研发设计、制造及配套于一体的集成电路全产业链生态圈。为了补齐在芯片制造方面的短板，成都重点招引了全球第二大晶圆代工厂格罗方德，2017年格罗方德在成都投资90.53亿美元建立12英寸晶圆制造基地项目。

在“一屏”发展上，成都提出构建贯通原材料、零部件、面板制造、整机集成的新型显示产业生态圈，打造千亿级新型显示产业研发和制造基地。2007年以资本招商方式招引京东方在成都设立成都京东方光电科技有限公司，开展中小尺寸半导体显示器件的研发、设计和生产。2019年在成都落地了生产可折叠柔性AMOLED屏的“超级工厂”——BOE（京东方）成都第6代柔性AMOLED生产线。该生产线是中国首条全柔性AMOLED生产线，也是全球第二条已量产的第6代柔性AMOLED生产线。成都围绕京东方打造了新型显示生态圈，集聚了上游原材料生产、下游终端电子产品生产、销售的众多企业。2016年成都与中国电子签署了深化战略合作协议，双流区专门规划20平方千米建设“成都芯谷”，推动中电熊猫8.6代TFT-LCD线重点项目建设。依托中电熊猫项目，成功吸引南京熊猫PCBA、南京冠石科技、江友光电、美国康宁、世禾集团、路维光电等近30家配套企业项目落地建设，在玻璃基板、掩膜版、触控模组等关键环节集聚成链。

三、苏州生物医药产业链招商案例

苏州以苏州工业园区为核心发展生物医药产业，尽管园区生物医药产业发展起步较晚，但后发优势显著，近年来以每年超20%的增速快速发展。2019年，苏州市生物医药产业集群成功入选首批国家级战略性新兴产业集群，苏州市人民政府也将苏州工业园区命名为苏州市先导产业创新集聚区（生物医药和医疗器械）。2020年苏州工业园区生物医药产业总产值已突破1 000亿元，集聚生物医药企业1 800多家，信达生物、基石、亚盛、博瑞、东曜、泽璟生物、康宁杰瑞等20家企业上市。根据科技部中国生物技术发展中心发布的《2020中国生物医药产业园区竞争力评价及分析报告》，苏州工业园区生物医药产业综合实力排名全国第二，产业竞争力、人才竞争力双项位居全国第一。

苏州工业园区内生物医药产业起步于2006年，经过十多年时间，从无到有打造出国内领先的生物医药产业集群，从招商发展上看具有“以招才引智实现跨越式发展，以招强引优补齐产业链”的典型特点。

（一）发展初期，以招才引智为主吸引瞄准细分领域前沿技术、具备较强自主创新实力的团队

2006年，苏州工业园区建立了苏州生物医药产业园（BioBAY），开始探索生物医药产业发展。此时，距离苏州工业园区不到100千米的上海张江高科技园区已经是国内较早发展生物医药产业的地区。上海张江高科技园区依托上海强大的科教资源和外向型经济吸引力，注重招引国际大型制药巨头，形成了国内外龙头药企全球研发中心和生产基地。苏州生物医药产业园结合生物医药产业重研发、重技术的产业特征，瞄准生物高科技的初创公司或刚起步的公司，专注做创新创业企业的孵化，行业锁定在药物开发、医疗器械和生物技术三大方向，与上海张江药谷形成差异竞争。产业园借助当时苏州相对成熟的产业生态，为生物医药产业发展提供了产业

链上各环、各种外包服务提供商及第三方服务商集聚的良好发展环境，使生物医药企业来苏州创业存活率更高，从而更容易引入初创公司。专注尖端自主创新的目标定位和良好的创业型产业配套环境吸引了一大批生物医药行业的优秀人才和项目，为园区生物医药产业的培育壮大抢得了先机，最初引进的高成长性的创新企业如信达生物、康宁杰瑞、基石药业等已经成功孵化上市。

（二）发展中期，以招强引优为主补齐产业链，形成集聚发展

苏州生物医药产业主要包括医疗器械、化学制药、生物制药、现代中药四大领域，围绕重点产业的发展，园区开始招引龙头企业和优质项目，搭建完整的产业链条。招商引资层面，引进一批在中国医药研发领域最具创新力的代表项目，包括百济神州、再鼎医药、立生医药等。此外，园内的信达生物制药与礼来制药签约并回购了由 BioBAY 代建的生物药产业化基地。园区规模拓展层面，面对进入产业化阶段的新药制剂、医疗器械与设备企业，BioBAY 与常熟合作建设苏虞生物医药产业园，这是苏州工业园区生物产业第一个走出去的项目，规划面积 1 平方千米。同时，于 2015 年 5 月建成的桑田岛苏州生物医药产业园二期，总占地面积 20.5 万平方米，A 区土地面积 6 万平方米，建设面积 12 万平方米。产业资本发展层面，BioBAY 和全球领先的医疗器械公司美敦力以及红杉资本共同成立基金，并以基金为依托，成立医疗器械企业孵化器，大力扶持初创型企业，搭建产业信息与资源共享平台。

第三节　改革方向

一、以产业招商推进“强链、补链、拓链”工作

（一）推动招商工作从零碎化向系统性、差异化转变

根据中山市“十四五”发展规划和重大产业平台发展布局，系统性谋划招商引资工作。围绕生物医药、智能家电、光电光学、灯饰光源、五金锁具、特殊食品和化妆品、新能源、现代物流、金融业、文化旅游10个重点产业领域产业链强链、补链、拓链工作，确定产业链招商清单和工作计划，实施“一链一策”招商专项策略。

（二）以产业招商推进传统优势产业强链工作

在“链长制＋链主制”下，形成“链主—产业链—产业集群—产业生态”的发展路径。对标行业先进水平，聚焦已有坚实基础和区域特色的传统优势产业，围绕核心环节，通过招引龙头企业、寻求战略合作、引进先进技术和资本等，推进家电、灯饰光源、五金锁具、食品等传统产业领域升级改造。

（三）以产业招商推进战略性新兴产业补链工作

围绕各平台重点产业链核心关键共性技术薄弱、缺失环节制定产业链关键卡点攻关项目清单，突破一批关键共性技术，推进产业基础高级化发展。针对薄弱环节，从纵向开展补充式、填空式招引，在新能源、生物医药等新兴产业领域深耕细作，实现产业链向上下游延伸。

（四）以产业招商推进重点产业拓链工作

建立产业链“两图一表”信息平台，围绕现有龙头企业、头部企业建立上下游配套企业重点项目库和目标招商企业库，引进一批产业链配套企业，促进产业链向产业集群转变。

二、以改进招商引资方式实现精准招商

（一）推动招商工作向专业性、个性化转变

强化专业化招商，搭建专业化的招商人才队伍。在人员编制、薪酬等方面改革，探索创新“市场化＋全员聘任＋绩效考核”的专业招商人员管理新模式，打造一支专业精、素质高、能力强的精准招商队伍。探索驻点招商、节会招商、以商招商、合作招商、大数据招商等多种招商创新方式。

（二）聚焦龙头企业和引擎项目开展精准招商

围绕构建产业链上下游的重要环节，瞄准国内外龙头企业实施精准招商，集中力量重点引进落地一批在产业链构建中起关键作用的龙头企业和引擎项目。集全市之力构建“龙头项目—产业链—产业集群—产业生态”的发展体系。

（三）开展个性化、差异化的靶向招商

结合深中通道、广州地铁18号线联通中山的机遇，集中对广州、深圳企业进行招商，全面承接生物医药、新能源智能制造等产业溢出与辐射。结合粤港澳大湾区建设和中山侨乡的资源，广泛开展港澳台企业招商引资工作，争取创建中山粤港澳深度合作示范区。强化与广深等大湾区城市产

业链的协同合作，深入开展合作招商、互推项目，实现信息共享、优势互补，促进跨区域优势产业链联动发展。

三、打造“引得来、留得住、发展好”的营商环境

（一）推动招商工作从前期招引向全过程服务转变

坚持招商“一盘棋”，发挥好驻京联络处（或日后成立的招商局、招商集团等招商机构）的招商统筹作用，加快建立健全招商工作服务机制。把招商工作从前期招引延伸到项目开工、建设、运营的全过程，增强政策的针对性、精准性、有效性，确保企业进得来、落得下、早开工、早见效。深化“放管服”“最多跑一次”政务服务改革，提高政府工作效率，营造市场化、法治化、国际化的一流营商环境。

（二）优化项目落地服务，抓好基础设施、土地资源、资金技术等要素保障

进一步加快重大产业平台基础设施建设，探索企业“拎包入驻”模式，不断提高园区的服务和承接水平。为企业在土地资源配置、电力供给、环评等方面提供全方位的协调服务。进一步加强与金融服务机构的联系与协调，助推企业融资，协调解决项目实施过程中出现的困难与问题。

四、以招商招才并举，实现引资引智双增

（一）在招商引资中要注重招才引智，重点引进高技术含量、高管理水平的项目

要坚持一手抓招商引资，一手抓招才引智，在注重引进资金的同时，注重引进优秀人才、先进技术、管理理念和品牌市场，做到加强投资、项

目融通与推进人才、创新互动并举。根据产业发展需要，有选择地拜访优质高等院校和重点科研机构，商谈引进符合主导产业方向的高科技项目与高层次人才。整合资源优势，结合产业发展的需要，明确招才引智的主攻区域，集合现有人才政策和招商政策共同推介。

（二）把握“双区驱动”① 等重大战略机遇争取招商红利

积极对接广深港、广珠澳科技创新走廊，积极对接国家、省重大科技项目，构建覆盖创新成果产业化全生命周期的载体平台、创新平台、孵化平台、服务平台、政策平台、成果转化平台，提升专业化服务能力，支持重大创新成果落地转化并实现产业化。

第四节　总体要求

一、指导思想

以习近平新时代中国特色社会主义思想为指导，深入贯彻落实习近平总书记对广东系列重要讲话和重要指示批示精神，深入落实省委“1+1+9”工作部署和市委十四届十次、十一次全会要求，立足广东省委赋予中山的“三个定位”（把中山建设成为珠江东西两岸融合发展的支撑点、沿海经济带的枢纽城市、粤港澳大湾区的重要一极）的指示要求，牢固树立和贯彻落实新发展理念，以推动高质量发展为主题，以生物医药、智能家电、光电光学、灯饰光源、五金锁具、特殊食品和化妆品、新能源、现代物流、金融业、文化旅游等产业为重点，以重大产业平台建设为抓手，进一步延伸产业链、提升价值链、融通供应链，加快推动产业链转型升级、做强做优做大重点产业，为加快中山市重振虎威、高质量崛起提供坚实支撑。

① 粤港澳大湾区建设和支持深圳建设中国特色社会主义先行示范区。

二、基本原则

（1）统筹谋划、战略引领。围绕生物医药、智能家电、光电光学、灯饰光源、五金锁具、特殊食品和化妆品、新能源、现代物流、金融业、文化旅游10个重点产业发展需求，统筹资源环境承载力等因素，加快产业链精准招商的顶层设计，以重大产业平台为依托，纵向构建完善做强产业链，横向打造现代产业集群，优化产业发展格局。

（2）链式导向、招大引强。以产业竞争力精准分析为基础，对标国际先进，瞄准标杆性企业，围绕构建未来产业链的重要环节、补齐新兴产业链的薄弱环节、强化传统产业链的核心环节，精准招引产业链引擎性项目。

（3）政府引导、市场为主。探索实施“链长”（政府）和“链主”（龙头企业）的双链式招商体制。发挥“链长”统筹产业要素资源的优势，优化土地、资本、劳动力、技术等要素配置，释放新需求，创造新供给。发挥“链主”企业在产业链攀升和价值链提升发展中的主体作用。

（4）统分结合、探索创新。坚持全市招商“一盘棋”和产业分类招商相结合，围绕产业链招商的总体目标，分类指导不同产业平台、领域和行业开展产业链精准招商工作。探索招商引资组织创新、机制创新和管理创新。

三、发展目标

紧密对接中央规划和省有关部署，按照“三步走”安排实施行动计划，远景展望2030年未来蓝图。

近期，产业链招商体系框架基本确立，立足重大产业平台构建“有统有分、一站服务”的招商服务体制。建立产业链招商领导小组，明确10大重点产业的产业链图谱和清单、产业“链主”企业名录和重点项目表、产业链招商清单和工作计划，完善产业链招商体制机制，完善项目推进常态化协调、市镇联动招商、社会招商资源对接等机制，形成线上线下、共建共享、多方联动的招商服务体系。

中期，招大引强行动实现突破，建成具有区域影响力的现代产业体系。结合产业发展，开展产业链招大引强专项行动计划，招引一批具有核心竞争力的龙头标杆性企业和带动能力强的引擎性大项目，以精准招商推进“强链、补链、拓链”工作。届时 10 个重点产业至少引进 5 个百亿级产值或投资规模的产业项目，重大产业平台至少招引 1 个百亿级龙头企业或大项目。

远期，到 2030 年，引育并重行动实现突破，建成具有国际竞争力的产业集群。培育一批集聚度高、竞争力强的高端制造业产品和企业品牌，10 大重点产业量质并举，围绕特色优势产业建成千亿级产业集群，做强做大一批具有国际竞争力的细分产业。

第五节　主要任务

一、科学谋划产业发展，明确产业链招商目标

（一）制订重大产业平台的产业发展规划

根据国家和广东省“十四五”规划和中山产业发展实际，制订重大产业平台产业发展规划。在产业空间规划上注重各镇街差异化产业布局，在重点产业规划上完善顶层设计，突出传统优势产业和发展战略性新兴产业兼顾，避免同质竞争，突出产业集群发展。一方面，继续做强做大各镇街的特色优势产业，通过机器换人、强化工业设计等多种方式推动传统优势产业转型升级；另一方面，瞄准前沿技术，大力布局和发展战略新兴产业，实现产业弯道超车，通过发挥国家级综合健康产业园区等重大平台作用，引进龙头企业，培育更多的经济增长点。

（二）聚焦重点产业，明确产业链招商方向与目标

聘请国内产业研究机构深入梳理生物医药、智能家电、光电光学、灯饰光源、五金锁具、特殊食品和化妆品、新能源、现代物流、金融业、文化旅游10个重点产业领域发展现状，全面掌握产业链重点企业、重点项目、重点平台、关键技术、上下游配套、制约瓶颈等情况，形成产业链“三个一”工作内容（即每条产业链形成一份“链主”企业、重点企业清单，一份重点发展项目清单，一份招商引资目录），明确产业链招商的主攻方向和目标企业。

（三）强化重大产业平台的招商载体作用

集中资源打造火炬高技术产业开发区（产业园）、翠亨新区（产业园）、岐江新城、香山新城、中山科学城、北部产业园、西部产业园等重大产业平台，充分发挥产业平台的招商载体作用。以重大产业平台为载体引导产业链集聚发展，指导开展招商引资活动，引入产业链关键环节上的核心企业，补齐加强产业链缺失与薄弱环节，促进产业链全环节协同发展，多方面入手提高重点产业核心竞争力，强化战略性产业集群牵引制造业整体提质升级。进一步延伸产业链、提升价值链、融通供应链，加快推动产业链转型升级、做强做优做大重点产业。

二、建立专业化招商体系，实现产业链精准招商

（一）建立研究、招引、投资和服务“四位一体”产业链招商队伍体系

根据产业发展规划和产业链发展重点，聘请专业产业链招商团队，实现专业化运作，做好产业链精准招商研究和规划。加强产业链精准招商人员力量配备和组织保障，在人员编制、薪酬等方面进行改革，探索创新

“市场化 + 全员聘任 + 绩效考核”的专业招商人员管理新模式，建设一批懂专业、精技术、强策划、善谈判的专业招商团队，建立健全招商队伍激励机制。建立 10 个重点产业领域的高层次宽领域专家库，负责分析、把关产业发展的前瞻性、战略性、全局性问题，为产业经济、技术发展提供决策咨询。

（二）建立产业链招商项目库，提升产业链招商策划宣传能力

深入开展产业链现状调查，深入挖掘现有企业需求和招商线索，对照重大产业平台发展空间，围绕强链、补链、拓链目标，制作产业链招商地图，建立产业链招商项目库。采用传统媒体与新媒体多渠道宣传方式，加大宣传推介力度，做强做大健康与发展中山论坛，积极承办、引进具有较大政治经济影响力的产业会议论坛，推动优质项目与资本机构进行对接，进一步提升中山的知名度和影响力。组建专人专班，探索设立驻深圳、广州、北京以及长三角重点城市专业化招商团队。拓展招商资源网络，建设驻粤国际商协会合作（中山）基地，推动欧美日及中国港澳等商协会驻粤机构在中山设立办事处，汇聚高质量发展新动能。

（三）建立全过程产业链招商管理体系，精细化管理招引项目

建立产业链项目招引评价机制，研究制订产业链招引项目评价方法、标准和方案。依托高层次宽领域专家库，健全产业链招商决策咨询体系，提升招商论证评估专业化水平，为产业链项目招引“精准把关”。打造招商项目全过程跟踪服务信息平台，建立完善项目资源共享库，搭建高效匹配的政务服务链，联动镇街和社会招商资源，形成多向联动、“一网多联”、线上线下的立体服务平台。推行“招落一体化”，进一步推动招商项目落地，强化项目的全过程监测、跟踪服务和效益评价，做好项目招引事中和事后“精准管理”。

三、构建“链长制 + 链主制”双链式招商机制

（一）全面构建“链长制 + 链主制”双链式招商机制

聚焦中山生物医药、智能家电、光电光学、灯饰光源、五金锁具、特殊食品和化妆品、新能源、现代物流、金融业、文化旅游 10 个重点产业链，全面实施以市领导为“链长”和以龙头企业为“链主”的双链式招商体制，形成“一把手”挂帅、“双链”作战的新型招商机制。

（二）聚焦龙头企业和引擎性项目招引，加快建立重点产业链“链主制”

按照“强链、补链、拓链”思路，着力引进和培育产业关联性大、带动能力强的龙头企业或引擎性项目。探索建立“链主 + 联盟”工作机制，链主原则上由龙头企业董事长（总经理）、产业协会和联盟负责人、科研院所专家、有经验的园区运营者担任，可根据产业链细分领域设置若干分链主，政府部门（产业平台牵头单位）负责组建产业链招商工作专班，协同推动重大规划、重大政策、重大工程、重点项目、重要资源和重大工作的配置及落实等。

（三）打造“链主—产业链—产业集群—产业生态”的链式发展效应

紧密对接国家与广东省有关产业链相关政策规划，确定产业链优势环节与薄弱环节，选定 10 大产业链的链主企业，发挥链主企业在供应链资源的整合优势，配套落实重点发展项目，实现产业链“强链、补链、拓链”，做到自建产业链、做强产业链、完善产业链、牢固供应链。注重发展“专精特新”方向的“隐形冠军”企业，打通研发设计、生产制造、集成服务等产业链条，构建核心技术自主可控的全产业链生态。实现大中小企业互促共进、集群集聚发展态势，不断增强产业链吸附力，激发形成“链主—产业链—产业集群—产业生态”的链式发展效应。

四、优化产业链招商服务，推进产业链政策精准供给

（一）加快建立重点产业链“一链一策”和重大招商引资项目“一事一议”的政策供给机制

全面梳理现有招引政策、产业政策、人才政策，根据10大产业链的发展需要，填补空白、完善短板，形成由评价标准、专项政策、产业基金、产融对接、要素保障、人才认定组成的“一链一策”政策供给体系。支持各重大产业平台出台个性化的产业链精准招商优惠政策，有针对性地对重大项目建立“一事一议”专项招商服务模式，根据项目实际情况实行“一企一策”扶持政策，全流程跟踪对接项目，履行政府招商承诺的扶持政策及措施，做好要素保障，及时解决项目推进中遇到的困难和问题。

（二）完善基础设施配套，提供优质服务平台

进一步加快重大产业平台基础设施建设，完善重大产业平台范围用地通平和管网建设，结合干线公路线网规划和重大平台城市设计，加快建设重大平台之间、重大产业平台与中心城区之间、重大产业平台与周边城市之间联系的快速通道，推动“站产城一体”综合开发。加快完善园区教育、医疗、餐饮、文体等公共配套设施，满足重大平台区域职工就学、就医、居住、消费、休闲娱乐等需求，打造产城融合、职住平衡、服务优质的产业平台。

（三）不断优化营商环境，提升办事效率

以深化“放管服”“最多跑一次”政务服务改革为抓手，提升政府服务质量，优化营商环境。区分不同的项目和情况，设立一般审批程序和简易审批程序，推进“一次受理、合并审批”，建立健全“容缺受理、延期

后补”和部门审查事项清单，优化服务流程，提高审批效率。协调解决招商项目引进过程中的困难和问题，促进项目顺利落户、建设和投产。深化降成本改革，进一步出台更精准的减税降费政策，切实降低企业用地成本、用能成本、融资成本、物流综合成本、制度性交易成本等。打造服务更加精细的人才发展环境，为高端人才引进做好服务保障。

第六节　组织保障

一、加强组织统筹

在全市招商领导小组下设立全产业链招商指挥部，统筹内外资招商，职能部门招商，部门、镇街平台联动等工作，指挥部分别设立 10 大重点产业链工作专班。全产业链招商指挥部下设全产业链招商工作办公室，负责研究制定产业链招商引资总体战略、工作重点、目标任务、年度计划并组织实施，健全招商引资工作考核制度。发挥指挥部的统筹作用，强化全市产业链招商“一盘棋”，加强产业链招商机构和人员配置，向重大产业平台配备最优秀的招商干部、最优惠的招商政策、最高端的产业配套项目。按照重点产业链分工安排来划分部门、镇街年度招商任务，细化目标责任，明确任务要求、工作时限，加强分工协作和信息沟通，确保各项工作有序开展。

二、完善项目流转

建立从项目信息收集、招商洽谈、招商决策到落地服务的快速反应通道，并高效匹配政务服务链，进一步提升招商快速反应和有效对接能力。完善全市产业项目流转、重点项目落地推进等常态化工作机制，对特别重大项目，成立项目推进领导小组，形成“一个项目一名领导”的管理督办模式。优化项目评价指标，规范招商项目引入流程，完善项目初审、复审机制，对不同类型的招商引资项目，从产业准入、产业规划、项目贡献、环境容量等方面进行评价，建立完善科学合理的评价模式。

三、加强要素统筹

（一）保障重大产业项目用地需求

构建市级主导、平台统筹、镇街实施、综合保障的土地收储整备新格局。加快整备“多规合一”的集中连片产业用地，系统做好重大产业平台土地征收、收储、盘活及基础设施建设，加快处理批而未供、闲置用地，支持企业盘活低效用地、就地转型升级。优先保障工业用地需求，全力保障重大产业平台和重点产业项目新增用地需求。

（二）强化财政金融保障

充分发挥财政资金引导促进作用，市、镇财政统筹安排资金大力支持产业链招商工作。加大市产业投资基金（母基金）及产业链发展基金（子基金）等各类基金对重大产业平台招商项目的支持力度。采取投资补贴、贷款贴息、税收贡献奖励、设备补贴、租金补贴、人才奖励等多种方式，对引进的重大产业项目予以财政支持。

四、建立联动机制

加强全市“一盘棋”和跨镇街统筹力度，充分发挥产业链招商领导小组的指挥棒作用，推动建立招商队伍与产业园区联动机制，把重大产业平台作为招商主阵地，通过主要领导带头招商、专业队伍高效招商、条块联动合力招商，根据产业平台发展定位，有针对性地分门别类推介项目，提升产业平台招商质量和项目落地精准度。加强与广州和深圳产业园区、企业之间的合作交流，推进有利于共同发展的产业链跨区域布局和梯度设置，做强做优做长产业链条。鼓励广泛开展合作招商、互推项目，实现信息共享、优势互补，全面加强伙伴园区建设，探索跨区域联动发展模式，推动产业集群化、链条式发展。

第五章
重大产业平台资本招商实施方案

为引导资本积极参与重大产业平台招商引资，建立资本招商新机制，提升金融服务实体产业水平，实现高质量发展，结合重大产业平台实际，本研究提出以下实施方案。

第一节　基本情况

一、资本招商现状

（一）中山资本招商主体情况

课题组在中山市金融工作局调研时了解到，截至2021年上半年，中山市共有股权投资基金71只，基金管理机构27家，合计资金规模约230亿元。截至2022年7月，全市境内外上市企业共36家，其中境内上市企业23家，境外上市企业13家；成功新三板挂牌企业49家。具体见表5－1、5－2。

表5－1　中山市境内外上市企业名单

序号	企业名称	所在镇街	上市地点	上市时间
境内上市				
1	中炬高新技术实业（集团）股份有限公司	火炬开发区	上交所主板	1995年1月
2	中山公用事业集团股份有限公司	东区街道	深交所主板（原中小板）	1997年1月

（续上表）

序号	企业名称	所在镇街	上市地点	上市时间
3	华帝股份有限公司	小榄镇	深交所主板（原中小板）	2004 年 9 月
4	中山大洋电机股份有限公司	翠亨新区	深交所主板（原中小板）	2008 年 6 月
5	中顺洁柔纸业股份有限公司	小榄镇	深交所主板（原中小板）	2010 年 1 月
6	广东长青（集团）股份有限公司	小榄镇	深交所主板（原中小板）	2011 年 9 月
7	广东奥马电器股份有限公司	南头镇	深交所主板（原中小板）	2012 年 4 月
8	全通教育集团（广东）股份有限公司	东区街道	深交所创业板	2014 年 1 月
9	广东依顿电子科技股份有限公司	三角镇	上交所主板	2014 年 7 月
10	木林森股份有限公司	小榄镇	深交所主板（原中小板）	2015 年 2 月
11	广东通宇通讯股份有限公司	火炬开发区	深交所主板（原中小板）	2016 年 3 月
12	广东乐心医疗电子股份有限公司	火炬开发区	深交所创业板	2016 年 11 月
13	广东和胜工业铝材股份有限公司	三乡镇	深交所主板（原中小板）	2017 年 1 月
14	江龙船艇科技股份有限公司	神湾镇	深交所创业板	2017 年 1 月
15	广东皮阿诺科学艺术家居股份有限公司	阜沙镇	深交所主板（原中小板）	2017 年 3 月

（续上表）

序号	企业名称	所在镇街	上市地点	上市时间
16	广东香山衡器集团股份有限公司	东区街道	深交所主板（原中小板）	2017 年 5 月
17	中山联合光电科技股份有限公司	火炬开发区	深交所创业板	2017 年 8 月
18	广东顶固集创家居股份有限公司	东凤镇	深交所创业板	2018 年 9 月
19	广东金马游乐股份有限公司	火炬开发区	深交所创业板	2018 年 12 月
20	明阳智慧能源集团股份公司	火炬开发区	上交所主板	2019 年 1 月
21	广东日丰电缆股份有限公司	西区街道	深交所主板（原中小板）	2019 年 5 月
22	广东三和管桩股份有限公司	小榄镇	深交所主板（原中小板）	2021 年 2 月
23	中山华利实业集团股份有限公司	火炬开发区	深交所创业板	2021 年 4 月
境外上市				
1	中山新亚洲胶粘制品有限公司	小榄镇	新加坡证券交易所	2005 年 8 月
2	雅居乐地产置业有限公司	三乡镇	香港交易所	2005 年 12 月
3	中华银科技控股有限公司（原中山市达进电子有限公司）	三角镇	香港交易所	2006 年 6 月
4	正业包装（中山）有限公司	小榄镇	香港交易所	2011 年 6 月
5	广东欧亚包装有限公司	火炬开发区	香港交易所	2013 年 7 月
6	广东益华百货有限公司	东区街道	香港交易所	2013 年 12 月
7	讯芯电子科技（中山）有限公司	火炬开发区	台湾证券交易所	2015 年 1 月
8	中山市中智药业集团有限公司	火炬开发区	香港交易所	2015 年 7 月

（续上表）

序号	企业名称	所在镇街	上市地点	上市时间
9	大信商用信托（中山市大信控股有限公司）	石岐街道	新加坡证券交易所	2017 年 1 月
10	雅居乐雅生活服务股份有限公司	三乡镇	香港交易所	2018 年 2 月
11	中山市创世纪汽车有限公司	西区街道	香港交易所	2019 年 10 月
12	广东三和化工科技有限公司	黄圃镇	香港交易所	2020 年 1 月
13	中山康方生物医药有限公司	火炬开发区	香港交易所	2020 年 4 月

资料来源：中山市金融局。统计截止时间：2021 年 7 月。

表 5－2　中山市成功新三板挂牌企业名单

序号	企业名称	所在镇区	证券代码
1	中山银利智能科技股份有限公司	火炬开发区	430509
2	广东天富电气股份有限公司	火炬开发区	831421
3	广东能龙教育股份有限公司*	火炬开发区	831529
4	中山华明泰科技股份有限公司	火炬开发区	831750
5	广东长宝信息科技股份有限公司	火炬开发区	831922
6	中山永辉化工股份有限公司*	西区街道	832120
7	广东恒鑫智能装备股份有限公司	火炬开发区	832239
8	广东恒成科技股份有限公司	神湾镇	832660
9	中山光阳游乐科技股份有限公司	石岐街道	832956
10	中山迪玛卫浴股份有限公司	阜沙镇	833052
11	中山博锐斯新材料股份有限公司	民众街道	833434
12	广东三人行管理咨询股份有限公司	火炬开发区	834143
13	鸿宝科技股份有限公司	小榄镇	835657
14	广东紫丁香实业股份有限公司	小榄镇	835362

（续上表）

序号	企业名称	所在镇区	证券代码
15	广东立义科技股份有限公司	南头镇	836377
16	广东汇通信息科技股份有限公司	西区街道	837063
17	广东创宇丰达生态建设股份有限公司	东凤镇	836992
18	广东大雅智能厨电股份有限公司	港口镇	837009
19	广东天圣高科股份有限公司	古镇镇	837680
20	广东诚进科技股份有限公司	火炬开发区	837741
21	中山爱科数字科技股份有限公司	火炬开发区	837777
22	广东龙的电器股份有限公司	小榄镇	838800
23	广东欧曼科技股份有限公司	东凤镇	838812
24	广东海辰科技股份有限公司	石岐街道	839116
25	广东天讯达资讯科技股份有限公司	火炬开发区	839228
26	中山兴中能源发展股份有限公司	石岐街道	839458
27	广东龙腾机电股份有限公司	东区街道	839511
28	广东振业优控科技股份有限公司	南朗街道	839376
29	中山管信科技股份有限公司	东区街道	839546
30	广东颐丰食品股份有限公司	西区街道	839934
31	广东德力智慧物流股份有限公司	火炬开发区	839913
32	中山港渊科技股份有限公司	坦洲镇	837925
33	中山报业传媒股份有限公司	东区街道	870787
34	广东隆赋药业股份有限公司	南朗街道	870859
35	广东瀛海实业科技股份有限公司	小榄镇	871001
36	广东熊猫国际旅行社股份有限公司*	小榄镇	871230
37	广东莱亚智能光电股份有限公司	古镇镇	871472
38	广东惠利普智能科技股份有限公司	火炬开发区	871518
39	广东峰杰科技股份有限公司	东区街道	871987

（续上表）

序号	企业名称	所在镇区	证券代码
40	广东汇伟塑胶股份有限公司	三角镇	871947
41	广东理丹电子科技股份有限公司	南区街道	871972
42	中山粤冠交通科技股份有限公司	东区街道	872480
43	广东快车科技股份有限公司	小榄镇	872498
44	广东声屏传媒股份有限公司	东区街道	872602
45	广东启慧教育投资股份有限公司	南区街道	872669
46	味氏（广东）生物科技股份有限公司	民众街道	872961
47	中山凯旋真空科技股份有限公司	横栏镇	872916
48	中山园仔山菌业股份有限公司	南区街道	873060
49	中山仲冠纸塑制品股份有限公司	小榄镇	873341

资料来源：中山市金融局。统计截止时间：2021 年 7 月。

注：名称带 * 企业为创新层挂牌企业。

（二）中山市属金融控股平台情况

目前，在中山市市属国有、区（镇）属公有企业中，具有金融及投融资业务定位的相关公司主体包括中山金控以及中山火炬华盈投资有限公司等。自 2019 年推动中山市属国有金融资源整合后，除上市公司中山公用事业集团股份有限公司持有的广发证券、中山公用小额贷款公司、中山银达担保公司等部分权益外，市属国有金融资本已大部分集中于中山金控。中山金控现有下属企业 23 家，其中 7 家全资企业（见表 5 -3）、4 家控股企业（见表 5 -4）、12 家参股企业（见表 5 -5），已初步发展成金控集团性企业。近年来，中山金控的基金集群业务和股权投资业务取得长足发展。基金集群业务方面，已于 2018 年 12 月设立中山市创新创业引导基金有限公司，由中山金控资管公司作为基金管理人，受托管理 20 亿元市科创引导基金，10 只子基金总规模为 23 亿元；股权投资业务方面，已于 2018 年 5 月设立中山金投创业投资有限公司，并于 2020 年 4 月引入民营资本完成该公司混合所有制改革。该公司坚持市场化业务导向，围绕中山优势产业和重点发展行业，对区域内具有核心高新技术优势、较强创新活力以及良好发展前景的优秀实体企业进行直接股权投资。

表 5－3　中山金控下属全资企业

企业名称	企业主要业务/职能
中山金裕投资有限公司	主要为中山农商行、中山银达担保等权益持股平台，无实际经营业务
中山金控资产管理有限公司	主要负责中山金控基金管理业务，持有私募基金管理人牌照资格，自主发起设立并受托管理各类政策性专项基金及市场化投资基金
中山中盈产业投资有限公司	是中山市各职能部门财政专项股权投资类资金的投资通道，负责受托管理各类政策性投资资金
中山市城市产权服务有限公司	主要负责中山市区域内各类产权交易服务
中山市人才创新创业生态园服务有限公司	主要负责中山市线上人才服务系统的运营与维护
中山市金融证券研究所有限公司	主要负责受托承接金融证券领域相关各类课题研究服务以及资本市场咨询服务
中山市创新创业投资引导基金有限公司	是中山金控受托管理的中山市双创引导基金法律主体

表 5－4　中山金控下属控股企业

企业名称	企业主要业务/职能
中山金投创业投资有限公司	主要开展区域内一二级市场直接股权投资业务，是中山金控从事市场化直接股权投资的主要平台
中山中汇典当有限公司	主要开展区域内市场化典当业务，是类金融典当牌照持牌机构
中山市民营上市公司发展专项基金有限公司	是中山金控受托管理的中山市纾困基金法律主体
中山市金奥股权投资中心（有限合伙）	是中山市纾困基金奥马冰箱纾困项目的专项法律主体

表5-5 中山金控下属参股企业

企业名称	企业主要业务/职能
中山农村商业银行股份有限公司	银行金融机构，中山金控持有8.49%股权，为第一大股东
中山小榄村镇银行股份有限公司	银行金融机构，中山金控持有10%股权
中国银河证券股份有限公司	证券金融机构，中山金控持有0.19%股权
中山中盈盛达科技融资担保有限公司	融资担保持牌类金融机构，中山金控持有10%股权
粤财普惠金融（中山）融资担保股份有限公司	融资担保持牌类金融机构，中山金控持有45.45%股权
中山市西区特色小镇投资管理中心（有限合伙）	中山市首只特色小镇基金法律主体
中山市金坤投资管理中心（有限合伙）	中山市首只三旧改造基金法律主体
中山市富汇丰利创业投资中心（有限合伙）	中山金控对外投资基金
中山中科创业投资有限公司	中山金控对外投资基金
中山通用科技创业投资中心（有限合伙）	中山金控对外投资基金
中山缢子新兴产业投资管理合伙企业（有限合伙）	中山金控对外投资基金
中山粤财健康产业投资合伙企业（有限合伙）	中山金控对外投资基金

（三）中山产业投资基金组建情况（前期）

中山市拟用“政府引导、市场化运营、专业化管理”模式，引入国内优秀基金管理公司，与中山金控共同组建母子基金结构的中山市产业投资基金。中山市产业投资基金由三个层面组成，一是基金管理机构，二是母基金，三是子基金。母基金采用有限合伙制设立，基金规模50亿元（首期资金10亿元），出资方式由中山市财政局向中山金控增资，中山金控在合作方或其关联方向母基金出资到位后，将市财政的增资款全部投入母基金。母基金的投资对象以投资于中山设立的股权直投子基金为主。母基金可以选择与子基金按照同步同价跟进投资（跟投行为受两个30%限制，即母基金跟投金额不超过其实缴金额的30%；母基金对每个项目的跟投金额不超过子基金在该项目投资金额的30%）。各子基金按照市场化方式运营，重点支持中山市健康医药、高端装备制造、人工智能、新材料、城市更新等领域发展。中山市还在积极探索QFLP（Qualified Foreign Limited Partner，合格境外有限合伙人），主要是为港澳的商人在中山市设立股权投资公司提供政策支持，为港澳资金进入内地提供绿色通道，鼓励港澳的商人投资中山市的优质企业和项目。金融部门积极与省金融局进行沟通推动中山供应链金融公司的设立，通过这种新型的类金融机构，对中山市产业链上下游的企业在融资方面给予帮助，进一步提高中山市如健康医药产业、智能家居产业的上下游企业聚集度。金融机构要采取市场化的运作方式，如果企业出现资金方面的困难，需要续贷和展期，在确认该企业为优质企业的前提下，省金融局可以适当与金融机构进行沟通，说服它们给予一定的延期，表明政府部门对企业或者项目的支持态度。

（四）中山金融部门服务实体经济情况

课题组前往市金融工作局调研了解到，当前金融局的工作重点：一是发挥金融扶持政策作用，用好财政专项资金，发挥好助保贷政策作用，帮助企业解决“过桥融资”难题。二是探索利用政务大数据建设政府信用信息平台“中山模式”，解决中小企业融资难、融资慢的问题。三是全力推进供应链金融平台设立，希望可以使其成为示范样本，然后向外推广成功经验。四是加强各类金融机构在间接融资方面的支持力度，比如为基础设施建设或者中山市的重大项目提供资金支持，这也可作为解决“钱从哪里来”的一项举措。

（五）小结

营商环境是招商引资的生命线，是一个城市乃至一个国家的重要软实力和核心竞争力，而优惠政策在各地招商引资中发挥着十分重要的作用，优惠政策与招商引资紧密地结合在一起，逐渐成为吸引企业项目落地的一个重要筹码。但是，以土地财政为主导，通过工业用地补贴、税收返还、贷款优惠等政策的组合吸引优质产业落地的传统招商方式效果逐渐下降。当前，通过建立或者引进产业基金吸引优秀企业及项目也成为招商引资的一大模式，资本也就成为招商引资的关键资源。

二、存在问题

（一）资本招商尚缺乏总体规划

招商和投资，是两件截然不同的事，如果缺乏前期规划，势必让当地政府、财政，以及参与母基金的国企、银行、合作方、项目等整个链条上的单位都很“痛苦”。当前，越来越多地方都在做资本招商，不少四五线城市都想成立基金投资独角兽，但事实上地方烂尾基金越来越多，配资越来越困难，招商效果越来越差。从目前《中山市产业投资基金组建方案》来看，当前政府层面关注的重点仍是如何成立全市首只产业投资基金这一问题，而对产业投资基金组建起来后，如何投资到重大产业平台以及 10 条产业链（包括本地龙头企业）方面的预案还不完善。如何预防和有效解决政府引导基金运作低效问题，应在产业投资基金成立之初就制定预案，才能真正把引导基金变为招商利器，使资金在招商过程中发挥出应有的重要作用。

（二）资本招商配套制度尚不完善

资本招商不是招商引资的全部，只是招商引资的重要一环。通过资本成功把一个好的项目招引进来并成功落地，还涉及税收、人才、土地、产业配套、生活配套、资金支持等问题，对企业和地方政府（包括重大产业平台）而言是一项战线长、细节多、执行烦琐的一揽子工程。部分地方政府为了短期完成招商引资工作，只是在自己任期范围内推行招商引资工作，而没有考虑到长远的效益和利益。每每在地方政府吸引来外资后，由于缺乏相应的制度和量化考核机制，前来投资企业的投入产出比例很低，很多引进的项目与当地的产业发展规划并不匹配，这种引进的投资并没有给当地经济带来促进作用，反而因为重复投资和建设给相关产业带来产能过剩问题。因此，需要将资本招商纳入全市营商环境建设的重要内容，并制定专门的配套政策，以系统工程的思维推进这项工作方可成功。

（三）“资本 + 产业”招商路径暂不明朗

招商和投资有截然不同的目标和路径，如果单纯地把资本招商作为招商谈判的一项资源，则很难实现以资本撬动一个产业的目标。政府引导基金的最终目的是招商引资、培育项目，这就涉及一个根本性问题，即作为引导基金体系里最靠近项目端的基金管理者，他们应如何与市招商团队配合，按明确的招商路径参与招商，并在关键时候发挥资本的撬动作用促进项目落地。在中山市产业投资基金组建之初，尽快研究并确定“资本 + 产业”的招商路径，将母基金及日后成立的子基金管理团队纳入招商工作体系，以明确的招商路径对外招商，方可形成合力，顺利促成产业链招商、资本招商的威力。

（四）有待尽快建立资本招商产业基金群

截至2022年，市招商部门跟进的重点在谈项目中，提出需政府投资的项目数占比24.6%，如中芯长电图像传感器晶圆封测项目提出需要政府投资22亿元，G7项目需政府投资3亿元，巨湾技研项目需政府投资7亿元，封装基板项目需政府投资1.6亿元，如果没有稳定有效的投资机制，难以对资金密集型重大产业项目形成可持续的资金支撑，易导致优质项目流失。

（五）小结

中山市资本招商基础相对薄弱，为重大产业平台招商引资而设立的市级产业投资基金尚处于设立前期，在总体规划、配套制度、招商运营路径等方面还存在变数，对全市统筹推进重大产业平台招商引资体制机制改革的配合度有待提高。但任何事情均具有两面性，中山市领导已意识到资本招商的重要性和必要性，已从市级层面启动成立全市产业投资基金，并已开展“新形势下中山市地方金控平台战略发展研究”，站在巨人的肩膀上前进，中山市资本招商会走得更快、更稳。

第二节　经验借鉴

一、合肥模式

（一）合肥模式及其三大投资事件

“合肥模式”就是以股权投资/风险投资的思维做产业导入，以投行的方式做产业培育，即成立市场化运作的产业投资基金，服务于招商引资战略性产业。合肥善于运用资本招商，先大手笔投资基金拉拢企业落户，后期再将投资所获股份脱手，翻倍获利，继续扩充投资基金，以一笔投资换一个产业。合肥建立了“引导性股权投资 + 社会化投资 + 天使投资 + 投资基金 + 基金管理”的多元化科技投融资体系，培养了创新资本生成能力。

1. 定增投资京东方，引入千亿元产值液晶面板产业链

2008 年，受到国外液晶巨头的降价冲击，京东方计划建设第 6 代 TFT - LCD 液晶面板生产线，但耗资巨大，由盈转亏的京东方无法独自承担资金压力。此时，合肥市政府抱着就算砸锅卖铁也要做成这件事的决心豪赌京东方，把当年财政收入的三分之一投给了京东方（当年财政收入只有 300 亿元），为此甚至连地铁项目都停了。这笔“大胆”的投资当初并不被外界看好，但事后的发展证实了这笔投资的成功之处。从财务投资的角度看，截至 2017 年底，京东方在合肥的投资总额已超过了 1 000 亿元，合肥市政府在京东方的账面浮盈，最高时有 100 多亿元。从产业链招商的角度看，京东方迁入合肥后，基板玻璃、偏光片、模组等产业链上的其他企业也相继落户合肥，形成了一条千亿元的产业链。此后，京东方又在合肥建设了 8. 5 代线和 10. 5 代线，让合肥一跃成为全球最大的显示屏生产地之一。

2. 联合上市公司，打造千亿元级半导体产业集群

DRAM 是电子产品不可替代的关键战略性元器件，当时的市场处于被三星、SK 海力士和美光科技三大巨头垄断的局面。2016 年，合肥市准备向 DRAM 储存芯片研发生产招商时，同时面临着资金极为拮据、人才和技术空白等难题。2017 年，合肥市政府联合上市公司兆易创新（分别出资 75%、25%），成立了合肥长鑫，预计总投资超过 1 000 亿元。2019 年，在购买全套的专利授权之后，合肥长鑫宣布 8GB 颗粒的 DDR4 内存开始量产。随后签约落地的长鑫集成电路制造基地项目中，不但包含了 1 500 亿元的存储单体项目，还有投资额达 700 亿元的空港集成电路配套产业园和空港国际小镇。其中，空港集成电路配套产业园围绕长鑫存储布局芯片设计、装备、材料、封测和智能终端等上下游产业配套，投资超 200 亿元，

使得合肥又成功打造出一个千亿元级的产业集群。

3. 拯救蔚来汽车，成功打造新能源汽车产业链

2020年初，蔚来因为现金流短缺先后被北京亦庄、浙江湖州等地方政府，以及北汽、广汽、上汽集团等传统汽车公司抛弃。在蔚来汽车陷入生死存亡的危机之际，合肥政府与蔚来签订了一笔70亿元的股权融资。交易完成后，合肥政府合计持有蔚来中国24.1%的股份，蔚来持有蔚来中国75.9%的股份。这在当时是一笔极具争议的投资，但此后蔚来的销量和股价双双暴涨，股价从2020年4月30日的2.63美元最高涨到66.99美元，并超越宝马和奔驰，成为全球第四大车企。按蔚来中国约占蔚来的85%股份计算，合肥方面的这笔投资盈利超过1 000亿元人民币。此外，合肥政府还果断让渡江淮汽车的控股权，由大众汽车集团增持江淮大众股份至75%，成功引进大众汽车集团10亿欧元的战略投资。2020年12月8日，大众汽车（安徽）有限公司在合肥揭牌，同时举办合肥制造基地开工仪式。新落成的研发中心将研发、质保、同步工程、全功能预生产和测试等多个部门集中在一个园区，充分落实产业价值链的整合，预计到2025年，研发团队员工数量将达到约500名。首款纯电动SUV车型Cupra Tavascan计划于2023年上市，该纯电动车型工厂规模完备，最大年产量或可达35万辆。此外，大众集团还计划在合肥建立一个数字化中心，该中心将为旗下新能源产品提供车联网和数字化服务。届时，坐拥大众新能源、蔚来汽车、江淮汽车的合肥或将成为中国汽车新中心。

（二）合肥资本招商的成绩

1995—2020年，合肥GDP规模从百亿元跃上万亿元，全国排名从第97位攀升至第20位，是我国发展最快的城市之一，被形容为“最大黑马城市”。近年来，合肥市加快布局集成电路、新型显示、创意文化、网络与信息安全、生物医药、节能环保、智能家电、新能源汽车暨智能网联汽车、光伏及新能源、高端装备及新材料、人工智能、量子产业12条重点产业链，打造产业链集群，成为招商引资领先城市。近年来，合肥市不断优

化营商环境，提升外商投资水平，越来越多的外资企业在合肥落地。2015—2020 年，合肥实际使用外资总额不断增长，2020 年新设立外资企业 167 家，实际利用外资额 35.95 亿美元。截至 2021 年 6 月，合肥市累计实际利用外资约 366 亿美元，全市现有外资企业 1 278 家，共有 49 家境外世界 500 强企业在合肥设立企业。2021 年上半年，合肥新成立外资企业 74 家，其中合同外资超 1 000 万美元的企业有 8 家。

自 2018 年起，合肥市每年招商引资规模均在 3 000 亿元以上，2020 年超过 3 500 亿元。进入 2021 年，合肥市招商引资再上台阶，仅上半年便新签约 739 个项目，其中包括 60 个总部类项目、427 个重点产业链项目，产业链项目签约数占比六成。协议总投资达到 3 200.1 亿元，其中 100 亿元以上项目 5 个，50 亿元至 100 亿元项目 4 个，20 亿元至 50 亿元项目 18 个，10 亿元至 20 亿元项目 40 个，10 亿元以上项目数量同比增长 48.9%。其中，新能源汽车暨智能网联汽车产业链项目协议投资额达 598.6 亿元，比 2020 年全年增长 134.1%。当前，推动制造业升级和新兴产业发展是我国增强经济发展新动能的重要路径，各地都将培育发展战略性新兴产业作为经济发展争先进位的突破口。近些年来，合肥市形成了“引进团队—国资引领—项目落地—股权退出—循环发展”链条的“国资领投”招商引资模式，培育了新型显示器件、集成电路、人工智能三个国家战略性新兴产业集群，抢占战略性新兴产业高点。目前，合肥市已经形成了新型平板显示、智能网络汽车、智能制造等多个重点产业。同时，合肥每年编印《合肥市重点产业招商指南》，为各地提供产业招商路线图，在全国招商引资中表现突出。

（三）合肥模式的借鉴意义

1. 项目从哪里来：紧盯产业链龙头企业，“招一个带一串”

龙头企业意味着拥有产业链的掌控权，产业链带来了产业集群，产业集群能够让合肥成为新的产业基地。合肥市政府非常了解当地的资源禀赋，知道自己需要什么，什么产业链既符合国家战略发展方向，又能最大限度拉动当地 GDP 和促进就业。从产业经济学和区域经济的角度出发，合肥吸引的基本上都是符合自身特点，且具有产业上下游联动效应和产业集聚效应的产业。一是引进京东方，集合产业配套企业建立新一代显示产业链。京东方配套供应商合肥三利谱光电科技厂在企业选址时就存在武汉和合肥两个选项，但最终因考虑京东方产业配套而定址合肥，现在三利谱光电给京东方供货可以做到零库存。二是引进蔚来汽车，集合新能源汽车头部企业建立新能源汽车产业链。针对国家至关重要的新能源车战略，合肥只有江淮、安凯、国轩，没有领头的企业，为了抢占新能源汽车产业链的头部地位，合肥通过引进蔚来汽车以明星效应带动行业投资，继而引进大众汽车战略投资，结合已有的江淮汽车产业基础，意在打造“中国的特斯拉”新能源汽车全产业链。

2. 钱从哪里来：组建产业基金，强化资本运作

合肥市政府在风投领域的号召力和眼光，离不开合肥国资企业的资本运作能力。合肥市政府的投资流程是，先成立市场化运作的产业投资基金，服务于招商引资战略性产业。合肥善于运用资本招商，先大手笔投资基金拉拢企业落户，后期再将投资所获股份脱手，翻倍获利，继续扩充投资基金，以一笔投资换一个产业。合肥发挥国资引领的作用，形成了“国资领投”、社会资本参与的新型投融资模式，国资已成为合肥战略性新兴产业发展的引领者。同时，该模式已形成“引进团队—国资引领—项目落地—股权退出—循环发展”的链条。

合肥市政府下属三大投资平台，通过与中信、招商等头部投资机构合作设立产业基金累计组成了将近 1 000 亿元的产业基金群，加上直接投资等多种途径，在互相竞争中触达了海量的企业，通过资本加持、土地、人才、贴息、税收等一系列组合拳引入和培育了一个又一个新兴产业。从原先的“全国最大县城”到在 2021 年正式进入了 GDP“万亿俱乐部”，合肥在短短十年间完成了华丽的蜕变。

以下是合肥三大投资平台：

合肥产投

运作主体：合肥市产业投资控股（集团）有限公司。

基金规模：投促基金一期规模10亿元。

主要职能：优化配置国有产业资本，促进国有资本向战略性新兴产业集中；运营管理创业投资基金、天使基金，促进产业升级；加快产学研一体化，推进自主创新；推进工业标准化厂房、地方铁路建设，提升、促进产业经济的发展等。

投资案例：投资建设合肥长鑫集成电路、智能语音国家新型工业化产业示范基地、资源循环利用和生态处置等项目；参与投建合肥离子医学中心、智慧能源创新中心、大基因中心等三大创新平台；管理运营合肥市创投引导基金、天使投资基金等“产投系”基金群，重点投资优势主导产业和战略性新兴产业。

合肥兴泰

运作主体：合肥兴泰金融控股（集团）有限公司，管理公司为合肥兴泰资本管理有限公司①。

基金规模：母基金30亿元，参股12只子基金总规模超220亿元。

主要职能：以金融为主业，以打造金融控股公司为目标，代表合肥市委、市政府承担建立和完善合肥市地方金融服务体系的重任。

投资案例：控股兴泰租赁、兴泰资产、兴泰担保、兴泰地产、兴泰典当、省股权交易所等公司，是合肥科技农村商业银行和池州九华农村商业银行的第一大股东，是上市公司合肥百货、美菱股份的第二大股东，并参股建信信托、徽商银行、国元证券、华富基金、国元农业保险等金融机构，旗下同时还拥有多家与金融业密切关联的企业。

---

① 合肥兴泰资本管理有限公司，是合肥市市属金控平台合肥兴泰金融控股（集团）有限公司旗下专业从事股权投资和基金管理的机构，也是合肥市乃至安徽省最具影响力的产业投资机构之一。

合肥建投

运作主体：合肥建设投资控股（集团）有限公司。

基金规模：4 801.5 亿元（在全国城投一类企业中排名第四），净资产1 900.17亿元。

主要职能：为合肥市工程建设、战略性新兴产业投资、城市运营服务、乡村振兴、现代农业、商业百货、文旅博览等行业提供资金保障。

投资案例：截至2020年底，为市政道桥、公路与出城口道路、轨道交通、铁路枢纽、园林绿化等18类1 260个项目拨付资金1 968.51亿元，历年资金保障率均达100%。通过战略规划、产业布局、投融并举、资本运作等，聚焦新型显示、集成电路、新能源汽车等主导产业，推动京东方6代线、8.5代线、10.5代线、安世半导体、晶合12英寸晶圆制造、康宁玻璃基板、彩虹股份、半导体显示芯片封测、维信诺AMOLED、蔚来汽车、欧菲光、启迪新基建及新总部等一批重大战略性新兴产业项目在合肥落户投产，并带动上下游产业链快速集聚。通过龙头项目牵引，完善产业链条，壮大产业规模，构建产业集群，成功打造了国内配套最完善、产线最齐全的千亿级新型显示产业链，实现了合肥大规模集成电路制造项目零的突破，助力合肥打造“全国新能源汽车之都”迈出坚实步伐，为合肥经济、产业高质量发展注入了新的强劲动力。

3. 招商时机选择：在企业至暗时刻伸出橄榄枝

投资要在别人别无选择时大胆出击，还要拿出最大的热情打动人、留住人。中国科学技术大学算得上是合肥最早的一次“长线投资”。1966年，北京13所高校准备迁出北京，中科大名列其中。有资料显示，当时中科大派出4个小组分赴湖北、江西、安徽、河南四省选择新校址，湖北、江西、河南三地给予的反馈是“只能提供学校建校土地，对人员的食宿以及建校经费都无力支持”。只有安徽方面表示出极大热情，“愿意提供搬迁学校的一切便利”，正如中科大教授陆朝阳所说，“最后是合肥以非常包容、非常尊重知识分子的情怀‘收留’了中科大”。当时，合肥不仅迁走合肥师范学院和银行干校，让中科大顺利“安家落户”，还为其搭建了安徽第一条

“温暖专线”、开放暖气，对其施以最高级别的供电保障，合肥前市长凌云称当时“合肥市乃至安徽省节衣缩食，给钱、给地、给政策，甘愿倾尽资源支持中科大发展”。又如投资蔚来汽车，当初合肥政府的“大胆”举动让人产生不少疑问。据蔚来汽车创始人、董事长李斌介绍，在与合肥签约之前，其已与 18 个城市进行过商谈。按照他的形容，正是合肥在蔚来“至暗时刻”伸出的援手，将其“从重症监护室中抢救回来，重新恢复健康”。

4. 人从哪里来：长期积累的高校科研创新能力

合肥所投资的企业基本上都是高新科技企业，留住科技企业的另一个关键因素是高层次人才，这实际上和合肥比较好的科技区位优势是密切相关的。在合肥市内，有着世界闻名的理工科高校，如中国科学技术大学、合肥工业大学、安徽大学、安徽农业大学、安徽理工大学等多所高校，此外还有中国电子科学集团公司第三十八研究所等创新型研究机构。中科院有众多研究所设在合肥，包括合肥物质科学研究院、等离子体物理研究所、人工可控核聚变反应的托卡马克实验室。这种科技区位的优势能够帮助合肥在市场发展的过程中，特别是在科技创新领域上有所作为。

在合肥逐渐成为“国内集成电路产业发展最快、成效最显著的城市之一”明线背后，暗藏一条科研齐头并进、与产业相互赋能的暗线——在中科大先进技术研究院“能量”加持之下，英特尔研发中心、英伟达联合实验室、思科演示实验室、美满电子科技联合实验室以及德州仪器联合实验室等创新联合体亦纷纷落地合肥。

5. 企业能否留住：“产业投资 + 政策配套”

合肥做“风投”的成功并不是简单地靠着开拓进取的勇气进行“豪赌”，投资选择的背后是对内外部各种条件进行深刻研究的结果。区别于传统的政府招商模式，合肥政府放弃使用低价出让地皮吸引企业购地投资建厂的做法，而是通过资本化招商，选择好标的，以足以覆盖企业落户建厂成本的大手笔出钱，吸引企业落户，最后，政府通过二级市场将所获企业股权转让套现。从资金运作的角度看，合肥这种模式完全可以实现资金的良性循环，值得很多政府基金借鉴。回顾合肥政府资本招商的成功案例，从京东方到兆易创新，再到蔚来汽车，合肥市政府撬动了显示屏产业、半导体产业并即将撬动新能源汽车产业，带动了当地的就业，也加速推进着产业的升级。有不少文章分析合肥模式的关键是“国资领投”，也有不少观点认为合肥模式是“政府式风投”，而合肥的前高层领导道出了合肥模式的最成功案例是对中科大的“倾城之恋”，是对高端人才和未来产业的钟爱和支持，因此，合肥模式应为人才招商的典范，招商对象是产业链头部企业尤其是高科技龙头企业，招商时机是企业处于生死关头之时，成功的秘诀是“资本投资 + 政策配套”，是陪同成长、共荣共享的产业投资，而非“一投了之”的资本投资。因此，合肥模式是在“豪赌”华丽外衣下坚定实施朴实无华的产业战略投资，而产业投资成功的秘诀，除了资本，还须配套产业规划、国资操盘、人才队伍、营商环境等要素。

二、深圳模式

深圳目前基本形成了以基础设施公共事业为主体、金融及战略性新兴产业为两翼的“一体两翼”国有资本格局，通过纾困上市公司实现产业精准导入，并依托区域内优质园区载体不断拓展产业发展空间，建立全周期科技金融服务体系，推动落地企业提质升级。凭借高技术产业、金融业、现代物流业、文化创意产业四大支柱产业以及新一代信息技术产业、高端装备制造业、绿色低碳产业、生物医药产业、数字经济产业、新材料产业、海洋经济产业七大战略性新兴产业，建立起产业集群，外加得天独厚的区位优势，使其成为中国招商引资最成功的城市之一。近年来，深圳持续发布稳外资政策，效果显著。2020 年，深圳出台《深圳市 2020 年稳外资促发展若干措施》，提出五个方面 21 条具体措施，旨在稳定外资存量、促进增量，全年新设外商投资企业 4 434 个，实际使用外资 86. 83 亿美元，同比增长 11. 8%，占全国的 6%，增速高于全国 7. 3 个百分点。2020 年以来，在疫情防控允许下，深圳商务系统在线下举办了多场招商活动，并在线上搭建起“深圳市全球招商系统”，积极推介深圳的营商环境。在 2020

年深圳全球招商大会上，深圳共洽谈签约项目 242 个，涉及投资总额超 7 800亿元，共有 40 个重大项目集中签约展示，这些项目均是针对深圳产业发展导向而重点引进的新一代信息技术、高端制造、新材料、生物医药、金融、商贸流通、数字经济等领域的高端项目，将为深圳经济高质量发展注入更多新动能。

深圳招商引资关键要素完备，科技创新、生态环境、国际化程度、金融资源、营商环境、企业服务等处于全国前列梯队。深圳市招商引资经验可总结为六大方面：一是主动挖掘投资意向。加强重点产业企业深度研究、强化目标企业跟踪服务、建立重大项目统筹机制等。二是推动产业项目落地。引进重大项目、打造重点产业链、引领总部经济壮大、扩大世界 500 强企业投资等。三是做好招商引资保障措施。强化绩效考核和检查、优化招商引资政策、加大经费保障力度、培养人才等。四是全面推介营商环境。科学制订招商计划、建设全球投资推广网络、拓展创新资源汇聚渠道等。五是完善招商体系支撑。推进外商投资管理体制改革、建立营商环境评估机制、优先支持重大项目载体需求等。六是强化招商工作组织。加强招商机构体系建设、加大重点区域招商力度、探索新型招商模式等。

三、资本招商案例

课题组通过梳理全国地方政府资本招商情况发现，越来越多地方政府通过“以投带引”“资本招商”“产业基金”等形式引入大项目落地，其中不乏经典的成功案例。

（一）地方政府投资并引入上市公司募投项目落地

案例一：长沙国资委以 120 亿元参与三安光电定增，总投资 160 亿元的第三代半导体材料产业园落地。2019 年 10 月，长沙高新区管委会斥 70

亿元增资三安电子（三安光电的控股股东），11 月长沙先导高芯①（长沙市国资委下属企业）出资 50 亿元参与三安光电定增。2020 年，三安光电决定以 160 亿元在长沙投资半导体产业化项目，在长沙高新技术产业开发区管理委员会园区成立子公司，投资建设包括但不限于碳化硅等化合物第三代半导体的研发及产业化项目，包括长晶—衬底制作—外延生长—芯片制备—封装产业链，投资总额 160 亿元。

案例二：武汉市通过产业基金形式引入小米集团第二总部。2017 年，武汉市政府通过产业基金投资的形式提供资金方面的支持，小米第二总部和小米系企业金山、顺为武汉总部，正式入驻武汉光谷金融港。

案例三：武汉投资 200 亿元，引入京东方 10.5 代生产线。京东方与武汉市政府、湖北省长江经济带产业基金签署投资框架协议，将在武汉临空港经济技术开发区（东西湖）建设 10.5 代 TFT – LCD 生产线，投资总额 460 亿元。其中，京东方自有资金仅 60 亿元，武汉市政府和长江经济带产业基金筹措 200 亿元，以注册资本方式投资②。

（二）地方政府通过纾困上市公司实现产业导入

案例一：佛山市政府纾困福能东方，上市公司总部及业务板块落地。2019 年，佛山市公用事业控股有限公司（佛山市政府出资平台）分两次成功收购福能东方（300173）③ 26.28% 的股份，成为控股股东，公司实际控

---

① 先导高芯是长沙市国资委为三安光电定增而设立的一家合资有限合伙制的投资企业（定增前半个月成立），注册资本 50.05 亿元，其中长沙市国资委通过各路全资子公司合计出资 45.05 亿元，其中包括 5.05 亿元出资额的 GP 先导产投、30 亿元额度的 LP 先导控股、10 亿元额度的 LP 中盈投资，另有长沙高新区管委会控制下的麓谷建设出资 5 亿元的 LP。

② 在 2009 年京东方合肥 6 代线的项目上，合肥市政府及其政府投资平台在 175 亿元的总投资额中，出资 30 亿元参与定向增发；在 2010 年北京 8.5 代线项目所需 280 亿元中，北京市政府下属投资平台不仅直接对项目公司投入 85 亿元，还以 40 多亿元参与定向增发；重庆 8.5 代线建设也是采取了地方政府大量投资吸引产线落地的方式。

③ 原名松德智慧装备股份有限公司，公司创建于 1997 年，2011 年在深圳证券交易所上市。主要从事高端智能制造装备的研发、生产、销售，公司属下有深圳大宇精雕科技有限公司、东莞市超业精密设备有限公司等多家子公司。

制人变为佛山市国资委。2019 年底，上市公司总部搬迁至佛山市禅城区，下属二级子公司广东大宇生产基地也于 2020 年 8 月落户禅城区南庄镇吉利工业园，公司研发中心也计划落户禅城。在佛山市委、市政府及市国资委、佛山市公用事业控股有限公司的大力支持下，公司于 2020 年顺利收购了在我国锂电池自动化生产设备领域具有较高行业知名度的东莞超业精密公司 88% 的股权，实现产业拓展。2020 年 12 月，福能东方发布公告，决定投资建设集企业总部、科技研发、高端生产三位一体的佛山福能智造科技产业园，项目总投资约 5.71 亿元。

案例二：蚌埠市政府纾困大富科技[①]，引入上市公司落地。由于多元化转型发展战略失败，大富科技股价萎靡不振，触发了其控股股东大富投资履行赎回可交换债、定增收益担保等一系列责任，所涉金额达 50 亿元，致使大富投资的整体债务规模攀升至约 90 亿元，而其资产仅有 77.32 亿元，大富投资陷入债务危机。蚌埠高新投资集团有限公司作为债权人为使其摆脱危局，全力支持与配合大富投资的债务重组项目顺利推进。随后，大富科技将其全资子公司安徽省大富重工技术有限公司的全部股权，以 0.58 亿元的价格转让给蚌埠高新投资集团有限公司。

（三）地方政府投资细分产业龙头企业带动产业链落地

案例一：常州市政府联合中航锂电，以 125 亿元打造全国最大锂动力电池生产基地。2015 年 8 月，中国四川成飞集成科技股份有限公司发布公告称，控股子公司中航锂电（洛阳）有限公司拟与江苏省常州市金坛区政府合作在金坛建设锂离子动力电池项目，项目总投资预计 125 亿元人民币，国内单体规模最大的锂离子动力电池生产基地之一的中航绿色电源科技园落地常州市金坛区。中航锂电金坛项目达产后，每年可具有 600 万辆该车

---

① 深圳市大富科技股份有限公司（300134）成立于 2001 年，公司总部位于深圳市宝安区，是一家集产品研发、生产和销售为一体的国家级高新技术企业，以移动通信射频产品为主业，与华为、苹果、爱立信等通信行业龙头企业保持稳定的合作关系，并多年蝉联“华为金牌供应商”称号。

型的配套能力，是目前为止我国在锂电池方面最大的投资项目。出资方面，项目公司注册资本不超过40亿元，中航锂电以现金和技术等无形资产出资，比例不低于30%，剩余由常州市政府筹措。

案例二：总投资320亿元的惠科[①]第8.6代超高清新型显示器件生产线项目在湖南浏阳开工。第8.6代超高清新型显示器件生产线项目是惠科股份有限公司在全国布局的第4个面板生产基地，浏阳市为招引该项目，由浏阳市政府和浏阳高新区合计出资146亿元（占比超66%），惠科股份出资74.8亿元（占比34%），是浏阳市引入的最大项目。该项目占地约1 200亩，建设周期约18个月，产能为月产13.8万片面板，主要产品为4K、8K、10K等超高清大尺寸显示面板，并设立光电显示研究院，负责从事新一代显示技术、材料研究，项目达产后有望实现年产值150亿元以上、税收13亿元以上，可吸引产业链上下游配套企业20余家，上下游配套企业预计实现年产值100亿元，创税9亿元。目前，该项目落户在浏阳经济技术开发区并已经进入量产。该项目创下四个“全球第一”，将扭转湖南“缺芯少屏”局面，填补湖南显示屏制造领域空白。

案例三：广州市政府“10亿股权+贷款”投资百济神州，成功招商总投资22亿元的生物医药项目落地。2017年，广州市通过国有投资平台凯得科技成立一只投资基金，对GE全球医疗生命科学板块最重要的合作伙伴百济神州的生物医药项目进行投资，推动其落户中新广州知识城。在该项目的22亿元投资当中，百济神州自有资金只有2亿元，其余20亿元则来源于基金股权投资、股东贷款和银行商业贷款。广州市政府的操作方式是把财政资金注入国企，再以合资模式与产业主体形成“命运共同体”，既解决落户企业的后顾之忧，又为政府引进回报率非常可观的优质项目，还有助于促进政府投融资平台本身的转型。

---

① 惠科股份是国内显示行业唯一一家全产业链布局的民营企业，生产包括显示屏、显示器整机、电视机整机，以及电子白板、数字标牌等商显产品。

第三节 改革方向

一、开创“资本+产业”招商新模式

一是成立产业投资基金平台，以“母基金+子基金+招商项目”的形式打造形成以“产业平台”为核心、“创新平台”为引擎、“开放平台”为载体、“资本平台”为支撑的发展局面。政府主导成立产业投资基金是政府引导基金模式的一种，即“产业基金引项目”模式，通过采取财政资金撬动社会资本的方式，引导社会资本建立股权投资基金，打造“基金+项目+园区”的一体化生态链，实现资本与项目的有效对接。

二是加大国有股权划转的力度，提升市属金融控股平台实施资本招商的实力，以重大产业平台为载体扩张金融支持实业发展的多业态布局。同时通过发挥国有产业投资和政府投资基金引导带动作用，提高重大产业平台、“链主”企业和核心配套企业政府投资基金比例，积极利用股权投资方式吸引项目落地。

三是公开征集相关领域内基金投资管理经验丰富、募集资金能力强的基金管理机构。中山金控可根据情况与其共同出资在重大产业平台新设或改组设立基金管理公司，由其担任相关基金执行事务合伙人，具体负责基金组建及日常管理。

四是发起设立城市基础设施基金。通过发起设立城市基础设施基金，创新投资机制，充分发挥社会资本特别是民间资本的经济作用，激发市场活力，助力中山深入推进投资管理体制改革（化解政府投资项目资金来源难题）。根据每个镇区的地方经济发展强项，发挥产业扶持基金杠杆效应，重点支持发展高新技术产业平台（火炬开发区、翠亨新区）、先进制造平台（民众街道、三角镇）、智能制造装备产业平台（板芙镇）、精密制造产业平台（坦洲镇）、现代物流产业发展平台（黄圃镇）、传统产业转型升级平台（小榄镇、古镇镇）等一批重大产业平台。

五是做强做大基金集群。通过发起各类子基金，打造基金集群，支持地方城市经济发展，同时，通过发起各类政府扶持基金，创新地方财政支持地方经济发展模式。

二、引导市属国有企业资产参与资本招商

一是充分发挥市委市政府赋予中山金控“推动中山金融业发展与资本运作的创新平台、推动创新驱动发展与产业升级的战略平台、推动城市基础设施建设的高端金融平台”的“三个平台”的作用，有效激发市属国有企业的市场竞争力和可持续发展活力，按照国有资本授权经营体制改革和国企高质量发展要求，积极探索市属国有企业资产参与资本招商的“中山模式”。

二是盘活国有金融投资公司所持有的产业基金，加快组建重大产业平台投资基金，支持国企积极投资布局高端装备制造、健康医药、新一代信息技术等重点发展产业。

三是尊重市场经济规律，积极引入市场竞争机制，坚持企业主体、商业化逻辑，以“专业企业＋社会资本”释放投资价值和创新活力。坚持产业功能优先原则，市属国有企业参与资本招商应充分考量城市发展（特别是重大产业平台）的顶层设计与项目功能定位，符合国家产业政策导向，根据10条产业链的项目产业业态策划，坚持产业功能优先，精准招商，提升商业品质，实现项目高效健康运营。

三、探索资本并购招商新路径

一是设立并购类产业投资子基金。在产业投资基金（母基金）下设立产业并购基金（子基金），专项用于支持龙头企业（尤其是“链主”企业）并购重组上下游企业，形成一批企业集团。

二是通过产业投资母基金与国内的金融集团合作，通过有效联合省内上市公司、大型企业成立了基金，整合产业内的优秀人才、核心资源和资

本，帮助本地产业做垂直一体化整合。母基金通过募资设立N只子基金，形成“1+N”并购基金体系，除将资本投向子基金外，还为重大产业平台内优质标的项目提供直投资金支持。

三是开展股权投资，提高企业直接融资比例，引金融“活水”浇灌中山实体经济。并购基金主要对处于重建期企业的存量股权展开收购。鼓励产业投资机构通过股权并购方式“买入”链上企业，实现“补链、强链”。如以金控平台为载体，加强对若干地方国企的重组整合，以做强做大主业为目标，加强对中山市重大产业链上互补性强、协同效益明显的企业的兼并。

四是通过政策补助，扶植当地企业并购链上企业，实现“强链、拓链”，并以“链主”企业为重点扶持对象，逐步打造一批上市企业。建立产业并购优质企业（项目）推荐库，重点扶持高端品牌、高端技术等领域和全市产业链缺失的并购项目，对并购后注册地迁入中山的特大型企业，可按“一企一策”给予特殊扶持政策。

四、推动金融投资和实业投资相结合

一是以重大产业平台为载体，以“金融+实业”相结合的方式推进城市综合开发与城市更新、旧城改造、城市单元开发、重大基础设施建设、产业园建设及管理等工作。通过实现融投资和实业投资的有机结合，切实打造金融与产业融合发展平台，充分发挥地方金控平台在服务地方经济发展尤其是城市更新建设方面的重要作用。

二是以“发展”为目标，开展“重资本轻资产”招商。通过设立产业引导资金或者与金融投资机构合作设立产业发展基金等方式，实现“重资本”；同时，通过为入驻企业配套建设标准厂房、职工宿舍等，减轻企业入驻成本及非生产性投入，帮助企业实现“轻资产”运营。

三是稳健有序推进外商投资资金进场投资。在翠亨新区等开展外商投资股权投资企业试点，允许港澳投资者设立股权投资基金，可以通过基金再投资其他的项目（特别是重大产业平台项目），境外资金可以入境后再确定投资项目。

第四节　主要任务

一、选优配强资本招商实施主体

（一）发挥金控平台作用，做强做大市产业投资母基金

推动国有平台公司与社会资本共同参与重大产业平台的综合开发利用，围绕打造重大产业平台，将即将成立的产业投资基金聚焦到股权投资、基金管理和资本运作三大核心业务，推动存量资本盘活和增量资本放大，将反投资金更多投向重大产业平台基础设施和产业链“链主”企业。

（二）大力招引股权投资基金落户重大产业平台

鼓励产业资本以各种形式（如以公司制形式、合伙制形式）在重大产业平台设立股权投资基金，除给予股权投资基金落户奖励外，根据基金实际管理资金的规模（剔除国有基金和财政出资部分后的以实收资本计），以及实际累计投资重大产业平台的企业规模按照一定比例（如按 1：0.5 比例）给予配套奖励。

（三）面向头部产业投资基金合作发起产业投资子基金

创新产业投资基金合作方式，通过与有产业资源的社会资本合作，与国内优秀产业投资管理机构形成战略合作，进行市场化投资。对重大产业平台项目和产业链项目，适时采用产业投资子基金、贷款风险补偿和绩效奖励等措施，与符合条件的投资机构共同发起设立创业投资子基金，为招商落户重大产业平台的企业提供股权投资。

（四）面向全国优选有实力、有资源、有经验的资本招商团队

根据产业链发展的特性，有重点地选择具有健全财务制度、实行独立核算、无违法违规行为、经金融监管部门批准的金融企业作为资本招商的战略合作伙伴。资本招商合作对象包括：股权投资企业，如在中国证券投资基金业协会备案登记的股权投资基金[①]、股权投资基金管理人[②]；其他金融企业，如经中国人民银行、国家金融监督管理总局、中国证券监督管理委员会核准牌照的银行、保险、证券、期货、公募基金、信托、金融租赁等法人金融机构及其专业子公司或分支机构。对股权投资企业投资的企业新注册或迁入重大产业平台，符合重大产业平台产业发展方向的，或列入重大产业平台招商合作机构名单的其他金融企业，成功引进约定目标项目落户重大产业平台的，给予其一次性资本招商奖励。

二、建立健全招商项目全生命周期育成投资机制

（一）设立面向资本招商对象的项目招商奖励

充分发挥银行贷款、公司债券、基金作为解决实体经济融资难三大主力手段的作用，搭建起服务小微企业、成长期企业、成熟期企业和挂牌上市企业的全周期金融支持体系，满足企业在不同发展阶段所面临的不同需求。

---

① 股权投资基金是指以非公开方式向特定对象募集资金设立，对非公开交易的企业股权进行投资并提供增值服务的非证券类投资企业。

② 股权投资基金管理人，是指受股权投资基金委托，以股权投资管理为主要经营业务的企业。

（二）加大对育成上市的“链主”企业与投资机构的奖励力度

由股权投资企业投资引进并落户在重大产业平台的企业，在重大产业平台发展壮大并成功上市的，对上市企业和资本招商企业给予重奖。如，注册登记后3年内在境内或香港联合交易所（仅限于H股）上市的，按照企业上市前股权投资企业的股权占比给予奖励，每占比1%给予股权投资企业20万元奖励，单次奖励不超过200万元；注册登记后5年内在境内或香港联合交易所（仅限于H股）上市的，按照企业上市前股权投资企业的股权占比给予奖励，每占比1%给予股权投资企业10万元奖励，单次奖励不超过100万元。

（三）鼓励国有企业参与产业链关键环节重点企业的并购重组，加大对并购重组投资机构的奖励力度

鼓励重大产业平台内的金融企业为产业平台内企业开展并购重组业务提供投贷融资服务，市财政可以根据投贷总额（如单个项目并购投资超过1亿元），在并购重组标的企业税务登记迁入重大产业平台后，连续3年给予贷款补贴（如按被投贷企业年度贷款余额的1%给予奖励，每家金融企业每年累计奖励不超过200万元）。

（四）建立资本招商项目培育风险补偿机制

以风险补偿方式鼓励资本招商企业扩大对落户在重大产业平台的初创型、成长型科技企业的投资力度。如，股权投资企业投资重大产业平台的种子期、初创期科技企业2年以上的，按照不超过实际亏损金额的15%给予补偿，每亏损1家企业补偿不超过50万元，每家股权投资企业每年补偿不超过200万元。

三、探索政府和社会资本合作投资新路径

（一）引入优势金融机构，与其合作设立园区基础设施投资基金、产业投资基金等

充分发挥财政资金的杠杆和引导作用，创新财政科技投入方式，带动金融资本和民间投资向重大产业平台和产业链“链主”集聚，进一步完善多元化、多层次、多渠道的重大产业投融资体系。因地制宜选择政府主导或以特许经营方式与战略投资者、专业园区运营商等社会资本合作。鼓励社会资本与镇街园区下属企业、集体经济组织开展合作，积极参与老旧工业园、低效工业厂房、老旧物业的二次开发和招商转型。

（二）引导市属国资积极参与重大平台建设

探索建立“中山市产业平台投资建设控股有限公司”，统筹园区开发建设、产业投资、科技金融等，为产业平台建设发展提供全方位的资金支持和资源保障。

（三）引导股权投资企业参与重大产业平台招商

鼓励落户在重大产业平台的股权投资企业、其他金融企业组织举办（经重大产业平台管理机构备案）专业论坛和投资项目对接活动，对资本招商产生效果或影响力较大的资本招商活动，经事后评估后给予适当补助（如按不高于实际发生费用的 50% 给予承办企业支持，单次活动支持不超过 20 万元，每家承办企业每年支持不超过 100 万元）。条件成熟时，可根据《关于金融支持粤港澳大湾区建设的意见》（银发〔2020〕95 号）等有

关规定①要求，积极引进和利用外资，吸引外商在中山投资股权投资类企业，以共设产业投资子基金的方式扩大产业投资的资金池，为重大产业平台和资本招商对象提供资金支持。

四、发挥金融人才在产业招商和园区运营中的枢纽作用

（一）创新和完善总部企业个人所得税减免或奖补政策

对其在中山缴纳的个人所得税已缴税额超过其按应纳税所得额的15%计算的税额部分给予财政补贴，该补贴免征个人所得税。

（二）打造“平台+产业+金融+人才”的产业生态

发挥金融资本杠杆作用和高层次人才的联通作用，以资本招商为切入口实施产业生态培育工程，注重项目筛选、靶向招商、产业配套、资本赋能、人才支持等“一条龙”链式服务，打造共生共融、良性互动、配套完善的产业生态。

（三）实施市场化的薪酬分配制度改革

在激励约束方面，实施“与市场接轨、与行业相符、与地域相适、与业绩匹配”的激励约束机制，参照深圳等国际都市金融人才的薪资标准设计短期激励方式，增强与市场先进人才持续对标，强化“能进能出、能上能下、能增能减”的机制，基金管理团队高管人员以市场份额为依据决定薪酬水平，实施差异化的薪酬制度。长期激励方式可围绕集聚人才、激发动力、促进发展的目标，创新运用股票期权、员工持股、事业合伙人等方式，不断加强各级人才队伍的建设。

---

① 还有《国务院关于进一步做好利用外资工作的意见》（国发〔2019〕23号）、《中华人民共和国外商投资法》（中华人民共和国主席令第二十六号）、《私募投资基金监督管理暂行办法》（证监会令〔105〕号）等相关规定。

第五节　保障措施

一、组织保障

市委书记、市长担任重大产业平台资本招商的总指挥和组长，负责统筹重大产业平台资本招商的全局性工作，适时组织召开全体会议，研究需市级层面综合协调解决的重大资本招商事项。强化组织领导，担任“链长”的市领导要强化资本招商统筹协调，金融局、国资委等部门及各相关市属国企要落实主体责任，各协办单位要协同发力，完善资本招商管理制度，引导广大社会资本深度参与市重大产业平台招商投资工作，形成抓产业、促发展的强大合力。

二、资金保障

各牵头部门制定各重大产业平台资本招商项目清单，对清单项目开展靶向招商并给予配套扶持，重大产业平台牵头部门要加大平台资金支持力度，所需资金纳入牵头部门预算统筹安排。牵头部门要调查梳理重大产业平台产业链招商对象资本投资的需求，上报市领导统筹，形成资本招商“一盘棋”，做到力往一处使，集中力量办大事。

三、实施机制

发挥国有产业投资和市产业投资基金的引导带动作用，提高重大产业平台、产业链“链主”企业和核心配套企业的投资比例，积极利用股权投资方式吸引项目落地。研究构建“1+X”全市重点产业链资本招商政策体系。其中，“1”即由市金融工作局主导成立的中山市产业投资基金（母基金），“X”即由各重点产业链牵头部门、各重大产业平台所在镇街分别研究成立的产业链产业投资子基金或重大产业平台产业投资子基金。

四、绩效评估

建立市属国有企业资产招商的协同发展机制和监督考核机制，提高资产招商的经济效益与社会效益。建立由资本招商机构带来的投资项目、产业人才、技术专利等指标构成的绩效奖评机制，使“招商引资”和“招才引智”成为一个有机整体。

第六章

重大产业平台“标准地”招商实施方案

中山市委十四届十一次全会①明确提出打造重大产业平台“头号工程”，加快形成产业发展空间格局。为进一步优化营商环境，健全招商工作机制，提升土地资源利用效率，探索构建中山市“标准地”招商体系，结合中山市实际情况，打造广东省“标准地”改革的中山样本，本研究提出以下实施方案。

第一节　基本情况

一、什么是“标准地”

“标准地”，是指在国土空间规划确定的城镇开发边界范围内具备供地条件的区域，对新建工业项目先行完成区域评价、先行设定控制指标，并在实现项目开工建设所必需的通水、通电、通路、土地平整等基础上，带着投资、建设、税收、能耗、环境、科技等至少六项基本指标出让的国有建设用地。在“熟地”完善的基础配套、无权属争议的基础上，“标准地”增设了土地“招拍挂”出让前置条件，明确规划条件、投资强度、能耗标准、环境标准和亩均税收标准，坚持以“亩产效益”为导向，建立区域综合评价评估机制，确保新增工业用地向产出能效高、用地节约、环境友好的项目倾斜。

① 2021年1月29日，中国共产党中山市第十四届委员会第十一次全体会议召开。

二、“标准地”项目如何选择

项目应符合地块产业方向和固定资产投资强度、容积率、亩均税收、单位增加值能耗、单位排放增加值和 R&D 经费支出与主营业务收入之比六项指导性控制指标要求。量化评价投资方实力、项目技术含量、项目进度、产业方向等四项指标，将得分高低作为遴选项目的重要依据。由专家和部门共同负责综合评价，现场打分。宗地有多个意向项目的，原则上选择评价得分高的项目。达不到指标要求的，原则上不予供地。

三、“标准地”项目操作流程

一是签订双方协议。项目方与招商单位签订产业发展协议，对项目实行“双合同”管理。二是加强监管。“标准地”项目严格按照约定建设推进，各职能部门对项目实行全过程监管。对违反约定的项目，承担约定责任。

四、实施“标准地”招商的意义

实施“标准地”招商，旨在在项目拿地阶段用数据定量把好项目产出关，改变了“拼地价”拿地的传统做法，有效避免了前期盲目决策建设、建成后因不符合发展要求而无法投产造成的浪费现象，突出体现了高质量发展导向。企业对照“标准地清单要求”落户项目，变“找市长”为“找市场”，突出体现了市场化改革导向。同时，审批手续在“标准地”“事先做准备”阶段已完成，供地手续和流程大幅减少，拿地效率明显提高。企业可以一心一意抓建设进度、搞产品开发、管产品质量、拓销售市场、创经济效益。

五、实施“标准地”招商的要求

“标准地”招商，要求市场主体讲信用、守诺言，严格履行合同约定，按市场规律办事，用市场机制保障土地资源集约节约利用，形成市场有效、政府有为、企业有利的良性机制。

第二节　存在问题

一、招商统筹联动机制有待加强

一是招商引资工作领导小组职能未能充分发挥作用。中山市为统筹全市招商引资工作，成立了市招商引资工作指挥部，不定期召开全市重点项目调度会及招商引资项目准入评审会议，但并未形成常规性会议或明确的会议召开机制。指挥部的统筹职能未能充分发挥，招商工作亦并未形成有效的统筹管理，招商联动性不足，难以整合资源推动项目有序发展。

二是全市招商“一盘棋”的格局有待进一步推进。现阶段主要负责招商工作的职能部门为市商务局及各镇街、园区管委会。但招商信息的报送、共享机制未完全建立，存在信息不对称或失真的情况，造成招商工作延误，加大了招商难度。各部门、镇街及相关企业开展招商工作依然存在单打独斗的现象，“区—镇街—园区”上下联动性弱，全区招商工作在统筹、指导、协调方面未能达到最优化，招商合力不足。

三是招商引资工作队伍专业化程度有待提高。现阶段的招商工作及招商实践中，除火炬开发区外，多以单个镇街、单个园区的资源和力量去招商，往往力度不够。招商工作人员需全流程跟进招商项目和企业服务，开展招商推介、客商拜访、项目挖掘、项目接待、投资咨询、跟踪服务、招商统计、宣传报道等多项事务，组织举办招商推介活动时还需兼顾会务、行政等工作。根据重大产业平台的建设需求，中山需引进“高精特新”、全国总部、区域性总部等投资规模较大的重大项目，则需要更了解相关政策和产业发展的专业人员全程跟进项目和服务企业，投入的招商精力也更多，招商工作任务只重不轻。中山招商引资工作市级统筹部门为中山市商务局，具体工作执行部门为投资促进科，招商工作人员不足，招商业务日益繁重。而广州、佛山、东莞、肇庆等地市为招商引资工作专设市投资促进局，下设投资促进中心，在区（县）也设立投资促进分局，组织人员专门负责招商工作，其中肇庆更是常年有300多名招商干部常驻外地，为招商引资工作牵线搭桥。

二、用地供应控制指标与供应保障有待完善

一是用地准入指标体系不完善。浙江、江苏、山西、山东等地根据工业类、仓储类、研发总部类、商服类等不同类型的产业用地项目，建立了不同的可动态调整的投资强度、容积率、亩均税收等一系列控制性指标。中山当前的用地供应模式，还主要根据用地性质设立统一的投资强度、容积率等一系列控制性指标，尤其是工业项目的控制性指标体系仅考虑了投资产出强度，不能很好地满足不同产业的用地需求。

二是用地出让控制指标内容不全。根据浙江等地的经验，“标准地”出让时不仅设置了投资强度、产出强度、税收强度等“三大件”，还设置了单位增加值能耗、单位排放增加值等生态环境类指标，甚至考虑了研发经费支出与主营业务收入之比等指标，旨在以科技创新和生态保护推动工业高质量发展。相比而言，中山目前尚未建立针对环保、研发类的指标体系。

三是用地供应保障有待完善。中山土地供应保障存在土地收支难以平衡、土地收储零散、用地指标紧缺的情况。土地征收成本、市政基础设施建设等开发成本较高，对土地整备所需的用地规模、农转用指标、补充耕地指标、水田指标、复垦指标等用地指标的市级统筹需进一步加强，土地整备资金需进一步盘活，产业发展缺乏后续可开发的土地和优质的承载空间。

三、招商项目落地效率有待提高

一是用地审批建设耗时较长。目前产业用地在建设前需要经历前期开发整治、环境评价、水土保持评价、压覆矿产评估、地灾评估等多个环节，需办理建设用地规划许可证、施工许可证以及工商、水电、消防等审批手续，整个过程涉及发展改革、工业和信息化、自然资源、生态环境、住房和城乡建设等多个部门，且相关手续主要由企业办理、招商人员协助，用地投资项目的施工审批从取得用地到动工建设通常需要半年甚至更长时间。由于审批时间过长，存在企业错过项目最佳发展期，进而影响用地效率和企业自身发展的情况。

二是规划执行不严影响落地效率。现阶段存在招商项目在已征好的地块外选地，大型企业要求调整片区规划、大幅增加非生产性建设用房面积，镇街、园区缺乏统筹规划计划的现象，导致一定数量招商项目供地后，区域内剩余可用土地零碎分散，不能满足大项目落地需求。

四、项目用地供后监管有待加强

一是用地监管存在“软执行”现象。招商项目从立项到开发建设、生产经营整个流程，存在多个部门拥有监管权限的现象。如工业项目立项，由发改委、工信局负责；用地容积率由自然资源局负责；单位面积投入产出强度由镇街、园区统计局掌握。在管理工作中，工信部门、镇街、园区对合同约定的投入产出标准约束力不强，存在一定的“软执行”现象。

二是存在“重招商轻监管”现象。各部门对于招商项目主要把精力放在前期招商、用地审批等环节，对于后续投入产出、税收是否达到要求，使用功能是否改变缺乏主动监管，忽视了对于项目用地过程的全程跟踪。

三是项目监管缺乏部门联动机制。由于缺乏统一的用地全周期信息共享机制，以及缺乏硬性监管指标和奖惩措施，部门联动监管机制不健全，导致各个监管部门间出现了“不敢管”的困境，进而影响了用地利用效率，部分镇街、园区用地存在低效利用、闲置浪费、退出盘活利用难等一系列难题。

第三节 经验借鉴

根据中山市招商工作、土地出让工作的现状及“标准地”改革的方向，通过对国内“标准地”改革实施较为成熟且成功的地域进行分析研究，可借鉴相关经验，助力中山市“标准地”改革工作的实施。

一、浙江省“标准地”招商经验

（一）发展概况

浙江省“标准地”改革，是在完成区域评估基础上，带着固定资产投资强度、容积率、单位能耗标准、单位排放标准、亩均税收等至少五项基本指标出让，企业拿地前就知悉该地块建设的使用要求和标准，经“一窗服务”后可直接开工建设。建成投产后，有关部门根据法定条件、投资建设合同、“标准地”指标标准验收，并根据竣工验收、达产复核情况办理不动产变更登记。对于按时或提前完成相关验收的，根据约定予以奖励，对于未能完成约定且整改后仍未达到验收标准的，根据约定予以惩罚。2017 年，浙江省提出建立工业项目“标准地”制度，以湖州市德清县为试点先行先试，2018 年在全省总结推广，是浙江省落实“放管服”，优化营商环境的制度创新。

（二）发展成效

一是提高了土地节约集约利用水平。规定“标准地”要在符合产业规划、城市总体规划、土地利用规划等基础上，设定产值税收的高标准条件，项目需达到标准条件才能通过“招拍挂”取得用地。浙江通过充分发挥市场调节作用，实现了从项目选地到以地选项目的供地、招商模式转变，在提高土地节约集约利用水平的同时，倒逼企业转型升级。

二是减轻了企业负担。浙江“标准地”改革在“事先做准备”阶段开展区域综合评估，变企业对环境影响评价、地质灾害危险性评估、地震安全性评价、交通影响评价等评估逐个进行付费为政府购买区域综合评估服务，即变“企业单个评估付费”为“政府统一打包买单”，减少了企业投入。设立专业专职的招商队伍，为企业提供政务咨询及政务服务，提供从前期项目咨询、指导把关到项目签约落地、竣工验收、达产复核等“全周期”“一条龙”服务，缩短企业项目投产达产时间，提高项目时间竞争力。

三是提升了政府治理效能。通过优化工作组织架构、强化部门监管责任、建立信用评价和联合奖惩机制等方式，构建事中事后项目监管机制，提升政府对于投资项目的管理水平，创造良好的营商环境，促进政府治理水平治理能力的高质量发展。

（三）经验借鉴

一是坚持市场主导、政府辅助的土地出让“竞优”模式。浙江“标准地”改革以政府加强监管为原则，以坚持市场化配置为出发点，结合土地集约利用评价重要量化指标“亩均产值”，以“承诺制＋协议制”，将工业用地出让从“竞次”转化为“竞优”。将政府从工业用地出让的主导者变为土地的供应方，充分发挥市场的作用，实现了资源要素的聚集，同时以明晰的土地使用标准进行“招商引资”。

二是实行事先作评价。浙江实施区域能评、环评等区域评估改革，取代区域内每个独立项目的重复评价，变独立评价为统一评价。完善区域负面清单，严格执行“净地”出让规定，为“标准地”落地提供基础。

三是事中实施“审批制＋承诺制”。根据投资项目的种类和实际情况，实施“审批制＋承诺制”。对于常规审批的项目，即签订了项目建设投资合同的项目，实行“一窗服务”；对承诺制审批的项目，需由相关部门制定项目具体标准和条件，明确违约应担负的责任后，企业书面承诺并经公示，若公示通过，则审批部门可以直接作出许可决定，企业可以开工建设。

四是实行全程监管。根据“谁主管、谁负责”的原则，建立覆盖项目建设、竣工验收、达产复核、股权变更等环节的全生命周期监测核查机制，实施协同监管，按约定予以奖惩。项目正常运营后，转为以亩均产值为主要评价标准的综合评价管理。

二、江苏省“双信地”招商经验

（一）发展概况

目前江苏省试点“双信地”出让模式的有苏州市太仓、泰州市。2020年3月，江苏省在苏州太仓挂牌出让全国首宗“双信地”；2021年8月，太仓市启动“标准地+双信地”配置模式。江苏推行的“双信地”出让模式是基于“政企互信+企业诚信”双向信任，政企双方基于出让方与竞买人的充分互信，制定双方承诺事项，实现“三即”：成交即发证、交地即开工、竣工即登记。而“标准地+双信地”配置模式是在“双信地”出让模式的基础上，实现“七评合一”，即变土地平整及土壤污染状况调查、压覆矿产资源调查等7项评估工作为区域综合评价，推动地上地表地下空间的“立体净地”，使土地要素配置能更好地契合产业链与供应链上下游之间的关系。通过“双信地+标准地”的出让模式，实现了立体净地、“七评合一”、清单管理、“一码+”的组合拳，进一步为企业松绑减负，压缩了审批流程时间，帮助企业节约成本，加速实现效益。

（二）发展成效

一是将营商环境优化落到实处。“双信”协议对政企双方产生信用监管，相关部门为保证“三即”进而提升审批效率，主动扫清投资项目的堵点和难点，为企业提供更便捷、更专业的服务，有效率、有质量地将改革落到实处。政府通过强化事中事后监管，实现由“严进宽管”转向“宽进严管”，创新土地出让模式，进一步提高土地配置效益。

二是实现倒逼企业“抓时间、强效率”。“双信地”出让模式中，政企双方签订“双信”协议，企业为保证顺利取得相关证照，做到“三即”，需在确定施工单位、图审、设计方案审核及作价、价格谈判过程中全力以赴，倒逼企业“抓时间、强效率”，实现资源的高效配置。

三是实现“双信地”多类项目多种用途出让。截至2022年，太仓市“标准地+双信地”配置模式已累计服务项目96个，涉及土地出让面积3 715亩，出让项目包括了工业、房地产、商服等，出让用途涉及城镇住宅用地、医疗卫生用地、商服用地、工业用地等，实现了“双信地”全范围、全域化的突破与覆盖。

（三）经验借鉴

一是实行“双信三即”的供地模式。“双信地”与“标准地”相比，“标准地”强调交地达到“净地”标准，而“双信地”要求在政府收储时即达到“地上净、地下净、权属净”的三净标准。较之“标准地”出让，“双信地”出让模式最大的不同即政企双方基于“政企互信+企业诚信”承诺“三即”，包括“成交即发证”：签订土地出让合同当天发放《建设用地规划许可证》；“交地即开工”：交地当天发放《建筑工程施工许可证》；“竣工即登记”：企业竣工当天发放《不动产权证书》。“双信地”达到三个即日办，进一步压缩了行政审批时长，由需100天以上压缩到最长不超过30天，进一步为企业松绑减负，优化了政务服务与营商环境。

二是实行“统一收储、逢拍必储”土地收储工作。通过以土地储备中心牵头完成收储工作中土地出让前期准备、报送规划设计要求、评估地价、工业用地上市会商小组甚至挂牌等1~5项常规工作，实现“统一收储、逢拍必储”，进一步压缩土地收储时间，提高政务工作效能。

三是实行“模块式、可选择、集成化”的“双信地”出让模式。即除企业用地预申请阶段需承诺约定投资强度、税收、产业等内容外，还需企业提前预估拟投资项目的投资进度、规划设计、建设进度、投产运营等事项所需时效，企业结合自身情况在招商专班处选择竞得土地后的行政许可证照办理的路径模式详见表 6 - 1。

表 6 - 1　不同阶段可选的行政许可证照办理路径模式

阶段	可选模块	备注
成交阶段（签订合同当天即核发证书）	A.《建设用地规划许可证》+《建设工程规划许可证》	操作要求高，但最为高效
	B.《建设用地规划许可证》+《规划建筑设计方案审定意见》	操作相对简单，但效率略低
	C.《建设用地规划许可证》	最易操作，但进程慢
交地阶段（交地当天即核发证书）	A.《不动产权证书》+《建筑工程施工许可证》	能在预期时间内完成图审
	B.《不动产权证书》+《图审合格证》	图审时间比预期稍晚
	C.《不动产权证书》+《建设用地规划许可证》	无法按期完成图审
	D.《不动产权证书》	符合省厅“交地即发证”的要求
竣工阶段（竣工当天即核发证书）	A.《不动产权证书》	企业竣工后，主管部门发放《不动产权证书》

充分发挥企业自主选择权，企业通过自身权衡评估选择模块，政府结合其承诺事项和所选模块组合进行跟踪服务，更贴合实际产业发展需要和企业自身发展诉求，提高了土地资源配置效率。

四是不断总结，优化升级方案。江苏“双信地”改革，使区域综合评价“九评合一”转变为“七评合一”，从原单一执行“双信地”模式向“双信地 + 标准地”模式转变，从严格执行“三即”方案优化为按发展需求定制的“模块式、可选择、集成化”服务。充分发挥“用户思维、客户理念”，在考虑投资项目产业发展诉求、建设需要的同时，严格执行政务准则，做到既深度服务又严格管理。

第四节　总体要求

一、指导思想

以习近平新时代中国特色社会主义思想为指导，高举中国特色社会主义伟大旗帜，全面贯彻党的二十大和二十届历次全会精神，深入贯彻习近平总书记对广东系列重要讲话和重要指示批示精神，按照“珠江东西两岸融合发展的支撑点、沿海经济带的枢纽城市、粤港澳大湾区的重要一极”三个定位要求，牢牢把握“粤港澳大湾区”“中国特色社会主义先行示范区”和“横琴粤澳深度合作区”重大机遇，坚持“制造业当家”，矢志不移推动中山高质量崛起。通过实施“标准地”改革，深化土地资源要素配置市场化改革，实现土地全生命周期管理，进一步激发市场主体活力、优化营商环境，推动实体经济高质量发展。

二、基本原则

（一）坚持改革开放发展道路

持续推进“放管服”工作，着力提升政府服务能力，探索各部门镇街间横向、纵向的多领域、多行业、多环节的协同合作机制，完善有利于改革开放的制度环境。

（二）坚持创新发展理念

积极探索低耗、环保等绿色低碳、循环发展方向的用地供应控制指标体系，促进经济发展和绿色发展协调融合，提高新业态活力，实现产业资源与区域环境互促发展。

（三）坚持市场资源配置

坚持市场在资源配置中的决定性作用，政府依据政策规定和实际需要完成区域评估，制定区域控制性指标体系，并向社会公布，土地要素以“竞优”原则选择投资项目。

（四）坚持政府企业互信

按照政企互信原则，政府负责按期交付土地，核发审批文件，企业负责按照政府制定的建设标准，依法依规开展设计、施工等相关工作。

（五）坚持政府全程监管

实施并强化招商项目建设监管、投产监管、达产监管、信用监管等多重、多维度监管，实行奖惩制度和措施，切实推动土地要素资源与优质投资项目实现高效配置。

第五节　重点任务

一、完善招商工作架构体系

在现有市招商引资工作指挥部基础上完善“标准地”招商工作机制。中山市已设有市级领导统筹的招商引资工作指挥部，建议在此工作基础上，增加“标准地”招商工作专班负责“标准地”招商统筹工作，有关部门、镇街、园区及各社会招商机构共同负责“标准地”供应工作事务，形成多维度、多角度、全方位的“标准地”招商引资架构体系。

二、优化招商工作机制和流程

建立“标准地”招商联席会议制度，采取招商工作例会形式。以市长为组长，市招商领导小组、土地管理委员会分管市领导为副组长，组织相关成员单位召开会议，对重点引进项目展开分析研究和评审，协调解决招商工作中的相关问题；按照行政审批权限，有关部门对“标准地”地块出让进行联审，联审后按程序报批进行土地“招拍挂”出让。招商工作例会具体组织程序按照议题提交、统筹梳理、议题审定、会议研究、汇总协办进行。

三、制定标准化操作规范

由市招商引资工作指挥部办公室组织市招商部门、工信部门、自然资源部门共同制定出台相关投资项目“标准地”管理规范，明确“标准地”出让范围、管理操作流程、工作指引、指导性指标、投资建设合同示范文本、技术标准、审批评审流程等，统一报牵头单位市商务局备案。

四、开展区域综合评估

在符合国土空间规划的前提下，依据政策规定和实际需要，有关部门组织开展环境影响评价、节能评估、水土保持方案、安全风险评估、地质灾害危险性评估、交通影响评价、水资源论证、文物勘探评估、重要矿产资源压覆等区域综合评估，为“标准地”出让指标设置奠定基础。区域评估成果供区域内建设项目免费使用。

五、出让地块前期准备

完成出让宗地范围内集体土地征收、农用地转用、国有土地收回、房屋征收、企业搬迁等工作，做好出让地块的土地平整工作，根据项目实际需求实施道路、通水、燃气、热力、供电等基础设施建设，开展出让宗地权籍调查，落实地上、地下管线排查和迁移，注销宗地内原有产权，确保“净地”出让。

六、构建“标准地”出让指标体系

制定发布重大产业平台新增投资项目“标准地”指导性指标，研究建立指标动态调整机制，实施修订指标体系及指标规定。相关指标包括经济指标、环境指标、能耗指标和规划指标四大类。经济指标包括准入行业、固定资产投资强度、土地产出（单位面积工业增加值）、土地税收（单位面积上缴税金）和 R&D 经费支出与主营业务收入之比；环境指标包括单位排放增加值、禁止建设和限制建设项目类别，已完成区域环评的地块根据区域环评细化相关指标；能耗指标包括单位增加值能耗指标，已完成区域能评的地块根据区域能评细化相关指标；规划指标包括容积率、建筑密度、绿地率、限高、行政办公及生活服务设施所占比例、人防等。

七、实施“标准地”招商前期工作

拟订全年“标准地”招商计划，确定当年“标准地”出让计划，每年推出一批“标准地”，借助数字化平台，将成熟“标准地”放入全市统一的宣传平台向外推介，定期组织“标准地”招商推介活动，打通土地和项目信息对接、匹配的关键环节。

八、“标准地”出让

市招商领导小组召集有关部门对投资项目和拟出让“标准地”地块开展联审，部门联审后，拟订国有建设用地使用权出让方案，按规定程序报人民政府批准后，通过市公共资源交易平台发布“标准地”“招拍挂”出让公告，组织土地“招拍挂”工作。“标准地”出让时，有关部门要按照地块所在区域的相关控制性指标，提前明确具体标准和操作导引，且“招拍挂”公告中需附项目投资建设合同示范性文本。

九、签订投资协议

企业竞得土地后，按规定程序和时间要求，与自然资源主管部门签订出让合同，与市商务局签订项目投资建设合同。项目投资建设合同需对规划（土地出让合同未约定部分）、环境、能耗、经济等指标根据土地出让前确定的标准进行约定，并明确复核办法、违约责任。

十、严格产权管理

企业缴齐土地出让金和相关税费后，申请办理不动产登记。需根据土地出让合同的约定，在不动产权证上标注项目用地为“标准地”，备注项目用地开发建设期限、转让等限制条件和分割限制条件。

十一、项目建设监管

项目开工后，各有关部门应加强项目建设监管，督促企业落实项目建设质量、安全施工、进度管理。发现违反承诺行为，责令限期整改，确保项目按照施工管理办法、约定标准、既定计划实施建设。不能按期开工需提出延建申请，造成土地闲置的，需依法进行处置。

十二、竣工验收核验

建设项目竣工后，企业申请验收，由建设部门会同相关部门分别对固定资产投资强度、容积率、行政办公及生活服务设施比例、建筑密度、绿地率、出让面积、开工时间、竣工时间等指标进行复核验收，并出具竣工验收意见书。未通过竣工核验的，由相关主管部门责令其限期整改，验收通过或经整改后复核通过的，各部门依法依规办理相关审核审批手续。整改后仍不能达到投资建设合同约定的，竣工核验不予通过，可按签订的“标准地”投资建设合同有关条款实施惩罚措施。

十三、项目投产监管

项目通过竣工验收且投产后，在约定期限内，企业达到投资建设合同中规定的营收强度、税收密度、能耗、环境、R&D 等指标要求的，即视作达产。企业可提交达产复核申请，由市商务局联合项目所在镇街（或重大产业平台牵头单位）依据项目投资建设合同组织达产复核，并出具达产复核意见书。未通过复核的，督促指导项目单位限期整改，整改后仍不能达到投资建设合同约定的，达产复核不予通过，可按签订的“标准地”投资建设合同有关条款实施惩罚。

十四、全过程监督管理

根据“谁主管、谁负责”的原则，建立覆盖“标准地”项目建设、竣工验收、达产复核、股权变更等环节的监测核查机制，实施全覆盖、全过程的联动协同监管体系。项目通过达产复核，正常运营后，按照亩均效益综合评价进行管理，持续跟踪项目运行状态，实现项目全生命周期闭环管理，推动资源高效利用。

十五、信用评价和联合奖惩

建立“标准地”企业与投资项目信用评价体系，市、镇街、园区对投资项目进行严格监督，引进区块链技术建立健全“标准地”项目全过程信用档案，对企业及投资项目的承诺行为信息和履约情况进行记录和评估，将企业承诺及履约行为记入信用档案，统一归集至信用广东、国家企业信用信息公示平台、全国一体化政务服务平台等系统。信用评估情况可作为企业享受优惠政策的重要参考依据。针对严重失信企业，多部门可根据企业的失信情况进行相应惩罚。

十六、“标准地”模式推广

对于有增资扩产需求的企业，可根据“标准地”实施标准评价其已有用地使用情况，如达到“标准地”规定的使用标准，则可以申请新“标准地”，如未达标，可引导企业对现有用地使用及生产情况进行改造升级。建议将“标准地”指标纳入司法处置程序中存量用地使用权拍卖条件。待“标准地”招商模式基本成熟后，在全市推广实施，重点向低效工业厂房“工改工”项目推广。

第六节　保障措施

一、加强组织实施保障

成立由市主要领导挂帅的“标准地”改革工作领导小组与“标准地”招商工作领导小组，统筹推进“标准地”改革和招商的重大规划、重要政策、重点项目及相关工作方案、年度计划的实施，协调解决跨部门重要事项和问题，督促检查相关工作的组织落实情况。成立“标准地”改革工作领导小组办公室，由市商务、工信、发改、自资、住建、环保、科技等部门抽人组成专班，组建一支人员充足，具有丰富经验，更专业、更高效和持续性的跟进招商队伍。加强与专业社会化招商机构合作，分担日益加重的招商工作任务，使招商工作更具专业性与靶向性。加强与高端智库合作，组建“标准地”专家咨询委员会，为“标准地”改革与招商配备专业支持和咨询保障。

二、强化业务统筹协作

由“标准地”改革工作领导小组办公室牵头做好“标准地”招商统筹协调工作，形成高效运行的工作机制。有关部门要按照职责分工尽快细化落实改革措施与招商工作任务，加强指导服务，推进“标准地”改革落地实施。各镇街、重大产业平台、园区要结合实际情况制定工作职责与工作计划，贯彻落实本方案提出的各项任务和要求，围绕招商项目主体需求，探索推出更多务实管用的创新举措。

三、畅通政企沟通渠道

政府与企业建立常态化信息沟通渠道，对企业诉求提供“接诉即办”服务，按规定时限协调解决市场主体提出的问题，提升服务企业水平。深入落实信息公开、政策宣讲、信息化平台建设、窗口服务等工作，打通企业服务及企业办事难点、堵点，打造政企沟通交流平台，继续深化改革开放，优化提升营商环境。

四、完善项目监管机制

市综合改革领导小组将项目“标准地”改革纳入年度综改工作任务，将“标准地”招商改革与工程建设项目审批制度改革紧密配合，同步推进。建立部门联动监管机制，按照“谁主管，谁负责”的原则，商务、发展改革、自然资源、生态环境、住房和城乡建设、水利等部门各司其职，负责区域环境影响评价、土地出让、住房建设、水土保持评价等相关标准制定及项目建设监管、投产监管、达产监管、信用监管等招商事后监管工作。同时，充分运用大数据与智能化结合，建立项目“标准地”数字信息平台，实现全流程信息共享和共同监管。

五、加大宣传推介力度

加大对用地企业宣传“标准地”有关政策法规、规范标准，提供多渠道、多形式、多层次全面系统的政策解读服务，常态化组织“标准地”招商宣传活动，各部门主动发布和解读本领域工作权限、指引、任务和配套政策，并及时总结宣传改革做法和经验，最大限度发挥宣传推广渠道作用，加大宣传力度，使“标准地”改革的目标任务和成果实现正向激励和标杆引导。

第七章 低效工业厂房升级招商实施方案

中山市历来重视实体经济，但当年“摊大饼”式的厂房建设，留下了大量的低效产业载体。在粤港澳大湾区建设上升为国家战略后，中山产业升级的步伐明显加快，但土地碎片化、产业低效、创新力不足等一连串问题严重制约着发展的步伐。破解土地瓶颈是产业升级的不二之选，但不能把“低端产业”简单退出。中山市以村镇低效工业园改造升级作为突破口，以“工改”突围，构建产业链上下游就在“上下楼”“隔壁栋”的产业生态，为“制造业当家”探索高质量发展的中山经验。

第一节 基本情况

一、低效工业用地基本概念及评判标准

（一）基本概念

低效工业用地主要指投入产出率低、开发利用效率不高，建筑容积率低，布局或用途不合理，对生态环境存在不利影响，权属清晰、不存在争议且具备调整利用空间的工业用地。中山市《关于促进低效工业用地盘活利用的实施意见》（中山国土资规〔2017〕1 号）将低效工业用地界定为土地利用不充分、产出效益低下的工业用地。

（二）评判标准

结合政策应用与学术研究两个维度的成果，当前工业用地利用效能的评判主要从土地开发利用、投入产出、生态效益等维度展开，主要考量建筑密度、容积率、土地闲置率、亩均税收、亩均投资强度、亩均收入、产出能耗比、三废排放率等。当前，中山市低效工业用地主要包含以下六种类型：

（1）建筑系数低于 30% 或者容积率低于 1.0 的工业用地。

（2）用地范围内成片空闲超过 10 亩，仍有集约利用空间的工业用地。

（3）连续三年亩均税收低于 4 万元的企业用地。

（4）中山市《产业结构调整指导目录（2013 年版）》规定的禁止类产业的原厂房用地。

（5）符合城乡规划，但不符合安全生产要求或环保要求，或者建成简易建（构）筑物的工业用地。

（6）城乡规划确定不再作为工业用途的厂区（厂房）用地。

二、中山市基本情况

中山市是湾区唯一建设用地规模减量规划的地级市，同时存在细碎化、分散化等问题，对大型项目承载能力不足、重大项目落地难，也制约着企业扩大规模。

（一）新增国土建设用地少，工业用地大幅减少

专业镇为中山市的发展作出了巨大贡献，但由于发展规划滞后，造成了土地资源利用效率不高、土地后续供给能力不足等问题。目前，中山市土地开发强度接近 40%，以西部产业园为例，范围内土地利用现状建设底数为 7 417 公顷，开发强度高达 62.86%。

2019年建设用地供应情况出现断崖式下降，仅为701.11公顷，其中工矿仓储用地仅257.90公顷，分别较2018年降低37.79%和61.77%。2021年，中山市国有建设用地计划供给950.63公顷，其中工矿仓储用地为260.26公顷，分别较上年增加15.84%、降低15.55%。2018—2021年，新增国有建设用地复合增长率为-5.52%，而工矿仓储用地的复合增长率为-27.20%，相比之下，住宅用地的复合增长率为7.35%，商服用地的复合增长率为17.56%。2018—2021年中山市国有建设用地供应计划具体见表7-1。

表7-1 2018—2021年中山市国有建设用地供应计划

单位：公顷

项目	2018年	2019年	2020年	2021年
工矿仓储用地	674.59	257.90	308.19	260.26
公共管理与公共服务用地	97.44	24.54	71.80	77.01
交通运输用地	90.27	267.08	192.18	272.10
特殊用地	4.53	0.00	0.00	0.00
住宅用地	210.40	100.29	142.05	260.26
商服用地	49.85	51.30	106.42	81.00
合计	1 127.08	701.11	820.64	950.63

资料来源：中山市自然资源局。

（二）碎片化土地供给模式导致产业外迁

专业镇模式对中山经济发展作出了巨大贡献，但专业镇在经过多年的快速发展扩张后，可开发土地资源日渐枯竭，发展空间已近极限。与湾区其他城市相比，中山市建设用地供应量相对偏低，2021年中山市产业相关用地供应仅341公顷，较上年414公顷减少17.63%。而同期佛山、东莞产业相关用地则分别达到641公顷和595公顷。具体见表7-2。与东莞、佛山等相比，中山市土地产出效率相对偏低。产业用地“小”“散”“乱”的问题，严重影响中山土地的集中开发，制约企业扩大规模。传统制造业强镇已接近土地利用极限，部分优质项目因无法及时供地而流失，部分增资扩产项目长期存在“项目等地”现象，导致一些企业被迫外迁或向外增资扩产。

表 7－2　2017—2021 年湾区主要城市建设用地供给计划

单位：公顷

城市	2017 年	2018 年	2019 年	2020 年	2021 年
广州	5 446	1 939	2 401	2 028	2 544
商服用地	1 019	400	311	383	562
工矿仓储用地	1 783	458	830	489	620
深圳	1 350	1 150	1 200	1 200	1 130
商服用地	98	54	160	107	52
工矿仓储用地	203	225	195	198	171
佛山	1 327	1 336	1 181	1 361	1 576
商服用地	76	122	127	81	71
工矿仓储用地	351	463	303	340	570
东莞	1 194	1 444	1 003	1 095	1 278
商服用地	39	45	29	30	21
工矿仓储用地	608	914	540	560	574
中山	—	1 127	701	821	951
商服用地	—	50	51	106	81
工矿仓储用地	—	675	258	308	260

资料来源：各市 2017—2021 年建设用地供应计划。

（三）传统产业低端锁定是土地碎片化的必然结果

中山市多数产业园区以传统产业为主导，战略性新兴产业（新一代信息技术、健康医药和高端装备制造等）占比较少。西部、北部及南部多为传统产业集聚区，东部火炬开发区以及南朗镇等镇街集聚了新能源、高端装备、健康医药等新兴产业。

当前，传统产业仍为中山市发展的主导力量，大涌镇、沙溪镇、古镇镇、横栏镇、小榄镇、东凤镇、南头镇、黄圃镇等专业镇街、产业集群，服装、家电、灯饰等产业传统路径依赖特点较为突出，转型升级进展较慢。同时，战略性新兴产业支撑力度有待加强，整体研发创新能力存在不足，新能源、高端装备、健康医药等产业总体规模仍然较小。2019 年，中山市先进制造业增加值为 528.92 亿元，在湾区九市中排第七，仅高于肇庆与江门，不到深圳市的十分之一。2019 年中山市高技术制造业增加值为 176.01 亿元，不足第一名深圳市的三十分之一，仅占东莞市的 10.56%。总体而言，中山市先进制造业增加值占规模以上工业增加值比重、高技术制造业增加值占规模以上工业增加值比重低于全省平均水平。具体见表 7-3。前沿技术引领型未来产业发展滞后，在新一轮技术革命和产业发展中缺乏先发优势。

表 7-3　2019 年湾区主要城市先进制造业与高技术制造业发展情况

序号	城市	先进制造业增加值（亿元）	先进制造业增加值占规模以上工业增加值比重（%）	高技术制造业增加值（亿元）	高技术制造业增加值占规模以上工业增加值比重（%）
1	广州	2 466.21	57.03	592.87	13.71
2	深圳	6 272.56	70.53	5 896.79	66.31
3	珠海	722.22	59.87	346.33	28.71
4	佛山	2 351.73	48.25	302.18	6.20
5	惠州	1 040.44	62.90	705.64	42.66
6	东莞	2 241.94	53.47	1 667.52	39.77
7	中山	528.92	46.39	176.01	15.44
8	江门	362.86	35.98	98.37	9.75
9	肇庆	204.32	30.55	64.44	9.63

资料来源：《广东统计年鉴 2020 年》，广东统计信息网，http://stats.gd.gov.cn/gdtjnj/content/post_3098041.html。

（四）“招大商”成效尚未明显凸显

中山市具有较强竞争优势的企业相对较少。2020 年广东企业竞争力排行榜显示，中山市仅13家企业入围，而深圳、广州、佛山三地入围企业数量分别为198家、158家和38家。根据广东省工商联发布的“2020广东省百强民营企业”榜单，中山市仅有木林森和明阳新能源2家企业上榜，广深佛三市依然是入围“大户”，其中，深圳36家，广州26家，佛山13家，而东莞则有5家。具体见表7-4。总体而言，中山企业“星星多月亮少”，拥有自主知识产权、核心技术、带动和示范效应的龙头企业太少，缺乏大企业大项目，品牌影响力不足，企业在规模、盈利、创税能力等方面与周边城市相比存在较大差距。

表7-4　2020年广东省百强民营企业排行榜珠三角各市上榜情况

单位：家

城市	上榜数	城市	上榜数
广州	26	惠州	3
深圳	36	东莞	5
珠海	2	中山	2
佛山	13	江门	1
肇庆	1		

资料来源：“2020广东省百强民营企业”榜单。

（五）土地规划粗放，统筹整合能力有待提升

中山市工业用地存量偏少，新增工业用地供给不足，早期土地规划粗放，导致当前产业发展与土地供应之间较难匹配。中山市工业化较早，工业集聚发展的早期由于土地供给较为充足，产业园区没有明确的产业定位和规划，产业项目主要自发落地集聚。在镇街、村层面，大多数村级产业园存在建设手续不齐全、不符合“三规”（总规、土规、控规）等情况，且相关土地的宗数较多，涉及土地面积较大。

在中山市土地减量规划的大背景下，大量不符土规、城规的用地，极大影响存量低效土地再开发。同时，中山市工业用地还存在土地碎片化严重，产权不明、地界不清晰，土地产权违规分割，容积率偏低等问题。这些问题导致相邻地块难以整合连片开发，土地利用效率低，粗放经营、改

造难以及环保与治安等问题，难以为优质企业、优质项目提供土地资源。此外，大部分工业园区离中心城区较远，满足生产及生活所需的配套设施较少，不利于留住优质企业、优质人才。在管理层面，各部门统筹发展能力不强。镇街各自为政，存在招商恶性竞争等问题，资源难以统筹，重复建设、低效建设等矛盾突出，镇街产业发展缺乏统筹安排和区域协调，难以形成发展合力。

第二节　经验借鉴

一、佛山市的经验

（一）佛山概况

湾区之中，佛山市与中山市有着相似的工业发展历程，村镇经济发达，村镇工业园区早期发展迅猛，对后期产业的发展造成了不利影响。据佛山市在2018年的统计情况，佛山市村级工业园数量为1 025个，村级工业园用地规模为19 577.35公顷，其他零散用地为1 149.69公顷，合计用地规模为20 727.04公顷，占佛山市工业用地规模的80%左右，但工业产值仅为全市总量的20%左右，土地使用效率较低。从村级工业园的分布来看，主要集中在南海与顺德两区。其中，南海区在村级工业园数量、用地规模以及零散用地等方面的占比都是佛山市最高的，分别占全市的59.7%、61.3%、51.1%，村级工业园用地占全区总工业用地的44%，但其产值仅占全区总工业产值的10%。顺德区村级工业园总数、园区用地以及零散用地在全市中的占比分别为21.5%、23.8%、21.2%，在工业产值和税收方面仅对全区贡献27%和4.3%。故推进村级工业园改造、盘活低效产业用地资源成为佛山的策略性选择。

（二）佛山经验

为提高土地利用效率，加快产业转型发展，佛山市早在 2007 年就提出并布局“三旧”改造，重点对“20 世纪 90 年代及以前建设的单层简易结构旧厂房”进行更新改造。到 2014 年，南海区成为广东省唯一开展新一轮深化“三旧”改造综合试点单位。由于在实际操作中，“三旧”改造综合试点始终无法绕开村级工业园升级改造，南海区在试点中推出了一系列政策，推动村级工业园升级改造。在具体实践中，佛山市采取了以下举措：

第一，统筹规划，布局产业平台。在规划中，融合国土空间规划与村级工业园区及厂房改造，在提高土地利用效率、保障产业发展用地的同时，优化整合村级产业园产业功能，明确产业地块、产业组团以及产业园区功能定位，将产业空间、生活休闲空间与城市公共空间融于一体，构建产城融合、“三位一体”的发展新格局。

第二，打造千亩主题产业园区。通过“三旧”改造，集约高效利用国土空间，按照“成熟一个、改造一个”的思路，推进村级工业园的连片整合、连片开发以及一体化管理，打破村镇管理壁垒，明确各个镇街超千亩主题产业园区的产业发展方向，基于此打造一批 1 000 亩、3 000 亩以上的产业园区，并面向全球招商，引进专业园区运营主体及商业模式，为产业转型升级与高质量发展腾出空间。

第三，建设高标准厂房，推进工业上楼。鼓励“三旧”改造建设高标准厂房，对高标准厂房的布局、产业方向、建设指标、建设规模以及配套措施进行确定，明确投资强度、税收、产值等指标。同时鼓励低效产业用地的国有（集体）土地使用权人按照国家通用标准、行业要求及区政府有关规定，提高容积率，通过联合公资平台公司、产业运营企业，采用多企业联合等形式建设高标准厂房。

第四，鼓励社会主体参与低效厂房改造与招商。坚持以市场为导向，按照政府引导、市场运作、多元主体投入的要求，探索政府统筹规划、产权主体自行改造、政企联动的改造路径。同时，搭建改造信息资源平台，成立相关行业协会，推动社会资源向村级工业园和低效厂房改造汇集。

第五，规划引领，政策保障推进低效厂房改造。佛山市出台了系列政策保障低效厂房改造。2018 年出台《佛山市产业发展保护区划定》，对全市产业用地进行划定并保护，推进连片、规模化产业集聚区建设。同年印发《佛山市村级工业园整治提升实施方案（2018—2020 年）》，并出台《佛山市村级工业园整治提升实施标准》等文件。同时，各区也配套出台相应政策，如顺德区出台了《顺德区产业发展保护区划定方案》、高明区出台了《佛山市高明区关于鼓励建设和使用高标准厂房的指导意见》等。相关政策文件的出台为佛山市村镇产业园及低效厂房改造提供了指引以及政策保障。

二、东莞市的经验

（一）东莞概况

东莞市与中山市同属湾区，发展历程与行政管理有着许多相似之处，均为市直管镇的模式。截至 2022 年底，东莞市下辖 4 个街道办事处、28 个镇。早期，东莞市以村镇经济为主导，呈现自发、分散、多轮驱动的发展特点。以专业镇为主导的经济发展模式在东莞社会经济发展中发挥了重要作用，但同样也产生了规划无序、产权不明确、边界不清晰等问题，使得东莞存在土地高度破碎、分散，建设面积小、数量多、密度大等突出问题，对产业落地、产业与城市高质量发展造成不利影响。经过多年的粗放型扩张建设，东莞土地资源过量消耗，增量土地有限，城市空间面临无地扩张的巨大压力，城市开发强度近 50%，通过增量用地供应支撑产业发展变得十分困难。为此，以低效厂房改造为代表的“三旧改造”成为东莞市城市空间再造、支撑产业结构调整升级的重要途径。

（二）东莞经验

为推动产业转型升级，推动“东莞制造”向“东莞智造”转变，向产业链、价值链高端攀升，东莞市将产业平台作为产业升级的重要战略，基于产业现实基础与未来规划布局打造了松山湖、交椅湾、水乡等七大产业集聚区，同时通过产业空间更新保障土地要素供给。具体经验措施如下：

第一，明确产业集聚区功能定位，做好招商工作引导。七大产业集聚区是东莞市产业转型升级的重要举措，东莞市对各集聚区的产业功能作出了明确的界定，为招商引资工作提供明确的方向。松山湖生物医药产业基地，重点发展生物医药、高端医疗器械、智慧医疗等产业；东部智能制造产业基地，重点发展信息技术（含集成电路）、智能装备等产业；东莞新材料产业基地，大力发展新型显示、第三代半导体等电子信息产业关键材料，打造新型半导体材料和电子新材料集聚区；东莞数字经济融合发展产业基地，重点围绕5G产业、工业互联网，大力建设5G基础设施；东莞水乡新能源产业基地，重点推进氢能源汽车和能源存储、转运、灌装技术的研发生产；临深新一代电子信息产业基地，重点发展新一代通信设备、新型网络、手机与新型智能终端、半导体元器件、新一代信息技术创新应用；银瓶高端装备产业基地，重点发展工业机器人、医疗器材机器人、5G装备制造、高端装备基础材料、前沿新材料等产业。

第二，坚持规划先行。针对七大产业集聚区，东莞市分别出台了相应规划，如《东莞市滨海湾新区城市总体规划（2018—2035年）》《松山湖科学城发展总体规划（2021—2035年）》等，对其战略定位、产业方向、开发建设、城市空间布局等进行了明确规定。同时，在产业集聚区成立管理机构，统筹协调土地整备、空间规划与建设、招商引资等工作。

第三，优化产业空间布局，做好产业空间更新。东莞市与中山市一样经历了村镇经济，土地细碎、零散等问题突出。为解决产业用地供给问题，东莞市制定了工业保护线，保障工业用地需求。以组团形式推进产业集聚，一是深入实施园区统筹组团发展战略，二是利用市、镇、村三级联动，促进城镇组团式发展。同时，东莞市大力推动城市产业空间更新，对村镇低效厂房实施改造，重点解决征地拆迁补偿、土地历史遗留问题等难题，推进新型产业用地使用、“工改工”连片开发、空闲用地盘活、低效土地回收、土地合作开发等重点工作，支持产权主体原地倍增，放开容积率等建设指标的限制，通过试点总结推广“三旧”改造项目利益共享方式，探索多元化、市场化补偿安置方式。

三、杭州市的经验

（一）杭州概况

2016 年浙江省开展国土资源集约示范省建设，制定了“优化结构、强化创新、控制增量、盘活存量、严格考核”五大改革举措。杭州市作为省会，拥有 10 区、2 县、1 市，市区面积为 8 289 平方千米。市域之内共有城镇低效用地 11 371. 19 公顷，其中旧厂矿 7 213. 09 公顷，占总量的一半以上，达到 63. 43%，旧城镇、旧村庄面积为 2 999. 67 公顷和 1 158. 43 公顷，占比分别为 26. 38%、10. 19%。向存量用地要产业发展空间是杭州高质量发展的重要举措之一。

（二）杭州经验

杭州在低效厂房改造以及低效产业用地再利用方面作出了以下举措：

第一，强化顶层设计，重视政策引导。2014 年杭州出台《杭州市推进“空间换地”实施“亩产倍增”行动方案（2014—2017 年）》，明确提出盘活存量用地，加快推进低效用地再开发，通过提高土地投资强度、利用效率和容积率，促进传统产业转型升级。2015 年出台《杭州市工业用地规划管理若干规定》，鼓励通过低效工业用地再改造来开建产业平台，发展创新型工业项目，同时对自有存量用地改造项目实施审批手续简化。下属区县也出台相应政策指引存量用地、低效工业用地改造。以萧山区为例，出台了“1+4”[①] 的政策体系，通过顶层设计、部门联动、模式创新、市场规范和政策支持，走出了一条“存量工业用地改造”的创新之路。

第二，分类控制，加快产业集群发展。杭州市在存量低效用地改造方面并非一刀切，而是制定科学的评价体系，采用分类管理、分类施策的形式实行有机更新，逐步实施更新改造工作。以萧山区为例，其采用企业综合效能来评估确定需要更新的工业企业名单，倒逼低效企业腾退存量工业用地。对处于工业园区内、外的企业采用不同的容积率进行控制，这一措施实现了更新对象的精准化，提高了更新改造效率。

第三，优化市场环境，推动工业项目入园。杭州市以制度创新、管理创新为引领，最大限度调动各方推进节约集约用地的积极性。为保障产业用地需求，确保存量用地更新改造后用于产业项目，杭州市明确存量工业用地用途不得改变，同时允许工业用地原土地使用权人提高用地容积率不再审批。在出让方式方面，推行弹性出让，构建利益共享机制，规范产权交易与产业导入，明确产权转让条件等，以规范产业项目的市场准入。此外，杭州市积极引导工业项目、工业用地向工业园区、开发区集中，原则上停止向开发区（园区）以外供应零星工业用地，建立招商引资项目联合审查制度，实现“优地优用”。

第四，标图建档，实施信息化管理。对全市工业用地现状进行全面调查，由市规划资源局统一实施赋码管理，锁定坐标、逐宗编号，对全市存量工业用地标图建档，纳入“一张底图”和“多规合一”业务协同平台，实行规划严控、使用严管，确保不减少。采用信息化管理模式，构建“批而未供土地”“供而未用土地”“低效利用土地”三大数据库，以图管地，实时监控具体项目开发利用状况。推进工业用地市场化配置，深化工业用地“云上供地”，对工业用地采用实时监控。

---

① 萧山区出台了《关于完善土地供应制度支持经济高质量发展的若干意见》，以及《存量工业用地有机更新项目管理实施细则》《关于深化“亩均论英雄”改革　促进高质量发展的实施意见》《工业用地资金池筹措和使用管理办法》《规范工业用地二级市场管理的实施意见》等政策文件。

第三节 改革思路

一、指导思想

以习近平新时代中国特色社会主义思想为指导，高举中国特色社会主义伟大旗帜，全面贯彻党的二十大和十九届历次全会精神，深入贯彻习近平总书记对广东系列重要讲话和重要指示批示精神，按照“珠江东西两岸融合发展的支撑点、沿海经济带的枢纽城市、粤港澳大湾区的重要一极”三个定位要求，牢牢把握“粤港澳大湾区”“中国特色社会主义先行示范区”和“横琴粤澳深度合作区”重大机遇，坚持“制造业当家”矢志不移推动中山高质量崛起。通过实施低效工业厂房升级改造，盘活存量用地，深化土地资源要素配置市场化改革，提高土地利用效率，进而推进产业升级，实现重大项目落地中山重大产业平台，进一步激发市场主体活力、优化营商环境，推动实体经济高质量发展。

二、基本原则

（一）坚持政策引领

加强政策对低效厂房升级改造的指引性作用，强化政府对低效厂房升级改造工作的引导，基于中山城市空间布局与产业发展规划，结合“三旧”改造已有政策与实施中的问题，因地制宜地制定低效厂房升级改造政策，确保政策制定有利于低效厂房升级改造与招商工作。同时，依据政策文件加强项目监管，实行奖惩制度和措施，切实推动土地要素资源与优质投资项目实现高效配置。

（二）坚持市场主导

坚持市场在资源配置中的决定性作用，以市场化为原则，依法依规开展低效厂房升级改造与招商工作，充分尊重产权主体的改造意愿，积极引导产权主体开展低效厂房升级改造，鼓励产权主体联合产业方、资金方等多种社会主体参与升级改造工作。

（三）坚持创新发展

加大低效工业厂房升级改造模式研究，做好低效工业厂房现状摸底，积极探索低效厂房改造模式，实施主体引进、产业用途创新等，加强碳排放、产值、税收等与低效厂房升级改造建设指标之间的关联，创新监管模式，促进存量用地向优质项目倾斜，进而使经济发展和绿色发展协调融合，提高新业态活力，实现产业资源与区域环境互促发展。

（四）坚持深化改革

持续推进“放管服”工作，着力提升政府服务能力，探索各部门镇街间横向、纵向的多领域、多行业、多环节的协同合作机制，完善有利于改革开放的制度环境。

第四节　重点任务

一、做好摸底工作，实现标图建档

（一）制定低效厂房评价标准，做好现状摸底

科学制定低效工业厂房界定标准，对用地效能进行科学评价，对存量

工业厂房进行动态管理。结合中山市产业发展规划及布局、重大产业平台规划及产业定位，从土地用地性质、产业现状、土地供应方式、土地开发强度、土地闲置状况、厂房闲置状况、厂房利用状况等维度，全面了解土地利用现状。全面摸清企业资产规模、销售收入、税收贡献、用水用电、碳排放、用工、研发创新等情况，综合评估厂房利用效能，利用统计方式进行综合评分与分类，开展低效厂房评价，并做好动态管理，通过实施水、电、气、城镇土地使用税等差异化价格，倒逼企业转型升级或腾出发展空间。

（二）全面摸查工业厂房位置，实现标图建档

结合中山市城市智慧大脑项目建设，建立工业集聚区管理大数据平台。将镇街及重大产业平台的厂房信息、能耗信息、效益信息以及土地利用信息等录入系统，将地理信息空间数据和企业经济产业数据相互对应，制定涉企数据录入规范和多部门共享机制，建立工业集聚园区管理大数据平台，实现工业厂房的管理信息化、实时化、动态化，为重大产业平台招商提供指引，并提供项目选址以及土地供应。

二、加快政策制定，强化实施监管

（一）加快政策制定，开展先行试点

借鉴成标准地区低效工业厂房改造经验，参考广州、深圳、东莞、佛山、杭州等地的政策，基于中山市实际情况，立足重大产业平台发展定位，加快制定相关政策，进一步完善低效工业园区改造支持政策、配套细则，细化各类改造模式的操作指引。对零星、零散用地，实施连片成片改造，探索实施“综合改造”具体可行路径，研究试点降低连片改造项目自持比例、适当增加行政办公和配套设施比例等，实现“工改工”项目投资短期与中长期经济平衡。

（二）设定准入退出门槛，加强政策实施监管

设定低效工业厂房改造准入门槛，按照改造面积、拟申请用途等对低效厂房改造主体设定相应标准，对改造单元与改造实施主体进行契合度匹配，做好改造项目的全生命周期监管。严格按照政策文件实施改造主体招商、产业招商、产业达成承诺等，对无法实现改造承诺的进行追责，按照法律法规及相关政策文件启动退出机制，严格按照政策文件实施监管。

三、坚持市场运作，多元主体参加

（一）加强招商队伍建设，加快招商工作市场化

鼓励重大产业平台创新招商方式，加大中介招商力度，调动社会力量参与到重大产业平台招商工作中来，充分发挥海外侨胞、商会、协会、知名人士等在招商中的作用，积极拓展招商引资渠道，拓宽招商引资范围与信息覆盖面，加快推进招商工作的专业化，增加招商成功的机会与可能性。创新招商利益共享机制，在佣金支付的基础之上，探索实施税收利益共享机制。

（二）推动改造主体多元化，鼓励社会主体参与

鼓励多元主体参与低效厂房改造，探索多样性改造模式，支持政府平台、公有资产出资改造模式，镇村联合改造模式，村集体与运营企业合作改造模式，村集体自主改造模式，企业自主开发改造模式，社会资本参与改造模式。鼓励产业、资本相结合参与低效厂房改造，支持实体企业、地产公司、金融资本组成联合体共同开展低效厂房改造，扩大低效工业厂房社会主体参与面。

四、完善工作机制，加强协调沟通

（一）强化部门沟通，实施“市、平台、镇、村”联动

立足推动低效工业厂房用地改造，提升土地利用效能，要强化部门之间的联动，加强发改、工业、招商、国土、消防、环境等部门间的信息互通，加快对低效工业厂房的清退，强化对低效工业厂房的改造监管，加快审批速度。加强行政审批、行业监管部门之间的沟通，探索建立审批信息共享、违法线索抄报、行政处罚反馈等常态化工作机制，实现审批、监管、执法的有效衔接。

（二）加强招商信息互通，探索招商责任主体考核机制创新

全面掌握全市尤其是重大产业平台现有存量土地资源，建立招商项目备选用地库与招商项目库。从市级层面加强统筹，按照重大产业平台发展规划，协调项目与闲置厂房的供需对接，协调招商项目与土地间的匹配。从招商数量、质量、税收、产值、固定资产投资等方面，探索招商责任主体在考核机制方面的创新，探索制定落地项目推介主体与落地平台间权、责、利的分配机制。

第五节　保障措施

一、加强组织领导

成立由市主要领导挂帅的“低效工业厂房”升级改造工作领导小组与“低效工业厂房”招商工作领导小组，统筹推进相关重大规划、重要政策、重点项目及相关工作方案、年度计划的实施，协调解决跨部门重要事项和

问题，督促检查相关工作的组织落实情况。

二、强化责任落实

进一步压实重大产业平台、镇街等在低效工业厂房升级改造与招商引资中的职责，强化责任意识，要积极进取、敢于作为、勇于担当，广泛发动身边资源，加强线索挖掘，强化跟踪服务意识。积极推动“三旧”改造和低效工业园区改造，盘活土地资源，进一步挖掘内生产业空间。

三、加强宣传推介

对用地企业加大宣传“低效工业厂房升级改造”有关政策法规、规范标准，提供多渠道、多形式、多层次全面系统的政策解读服务，常态化组织招商宣传活动，各部门主动发布和解读本领域工作权限、工作指引、工作任务和配套政策，并及时总结宣传改革做法和经验，最大限度发挥宣传推广渠道作用，加大宣传力度，使“低效工业厂房升级改造”的目标任务和成果实现正向激励和标杆引导效果。

四、实施严格监管

建立部门联动监管机制。按照“谁主管，谁负责”的原则，商务、发展改革、自然资源、生态环境、住房和城乡建设、水利等部门各司其职，负责区域环境影响评价、土地出让、住房建设、水土保持评价等相关标准制定及项目建设监管、投产监管、达产监管、信用监管等招商事后监管工作。同时，充分运用大数据与智能化结合，建立工业集聚园区管理大数据平台，实现全流程信息共享和共同监管。

地方政府重大产业平台
招商引资体制机制改革案例分析

下　编

第八章

粤港澳大湾区招商引资改革经验

第一节 佛山千灯湖创投小镇“三链融合”发展模式

一、基本情况

发展定位：千灯湖创投小镇重点发展天使投资、创业投资、股权投资等新兴金融业态，探索产业链、创新链与资金链“三链融合”的创新路径，创建具有品牌影响力的创新创业创投生态圈。旨在培育以基金机构为重点的风险投资产业生态系统，让技术、资本、创意、人才与珠三角制造业全方位对接，助力佛山建设国家制造业创新中心。

政策支持：为了进一步加快创投生态圈的形成，推进千灯湖创投小镇建设，当地政府出台了《佛山市南海区促进千灯湖创投小镇产业集聚扶持措施》，扶持奖励涵盖了落户奖励、租金补贴、经营扶持等多个领域。针对实体经济的需求和痛点，南海区还出台了“区块链 + 金融科技十条”，在千灯湖创投小镇内建设约 2 000 平方米的“区块链 +”金融科技产业孵化中心，吸引金融科技创新团队集聚发展，率先把大数据、云计算、区块链等技术引入金融、制造业、贸易等行业，解决信息不对称、营销成本高等问题。

发展成效：在佛山市和南海区政府的大力支持下，千灯湖创投小镇涌现出一批以金融科技为重点的创新创业团队和项目，与实体产业相呼应，形成核心业态、关联业态和衍生业态协同发展的生态圈。截至 2020 年 12 月，佛山市千灯湖创投小镇累计集聚私募基金类机构 828 家，募集与投资资金规模超 1 070 亿元，入驻机构涵盖 IDG 资本、深创投、粤科、粤财、广晟等。小镇内的基金机构实际投资额累计达到 551.12 亿元，其中投向佛山地区金额达到 77.07 亿元；已投项目累计达到 646 个，其中投向佛山地区项目 164 个。

二、创新做法

（一）实现金融科技与产业相结合

2010 年，广东金融高新区提出要建设“产业金融中心”，探索金融、科技、产业深度融合。2018 年，明确提出“国际化金融后台基地”和“现代产业金融中心”的双战略定位。在集聚创投资源的同时，千灯湖创投小镇也吸纳高新企业落户周边地区，抱团发展。千灯湖创投小镇通过发展产业投资基金，鼓励通过并购重组、加大投入、外引内联等投贷联动方式，整合佛山地区产业资源，降低科技型中小企业与外部投资者之间的信息不对称性，促进企业获得股权融资。同时，千灯湖创投小镇促进各类科技金融专营机构的发展，推动商业银行设立科技支行，探索在小镇内成立科技保险、科技融资担保、科技小额贷款等科技金融专营机构。这些促进小镇内各类科技金融专营机构发展的举措，能够帮助科技型中小企业解决在申请贷款时遇到的担保问题，提高科技型中小企业获得科技贷款的可能性。

（二）实施管家式金融服务与一站式行政服务

作为广东金融高新区“现代产业金融中心”的重大金融平台，千灯湖创投小镇通过集聚私募创投及基金类企业，提供“募、投、管、退”全流程金融服务，为轻资产、科技型、服务型企业提供了多样化的直接融资渠道。配置一站式服务中心，受理包括入驻申请、物管服务、运维服务、人才认定等在内的服务。引入专业的咨询机构为千灯湖创投小镇提供精准化顶层规划设计咨询服务，结合创投小镇核心区的项目特点，从产业定位规划、产业招商规划、区域政策建议、项目智能化规划等多维度规划设计实际落地的解决方案。引入专业的产业运营商提供包括零成本高效注册、一站式行政服务等全方位的运营管理服务。其中，小镇为基金的设立提供免费集群注册地址，最快一个工作日可为其发放营业执照。

（三）构建金融服务与信用平台

千灯湖创投小镇有效整合广东地区科研创新数据、广东地区知识产权交易数据、高新企业认定数据、企业信用数据、人民银行征信数据，形成全流程融资服务体系。金融服务与信用平台主要包括广东省特色小镇投融资综合服务中心、互联网金融服务中心、征信融资服务平台和创融汇平台。其中，广东省特色小镇投融资综合服务中心以全省特色小镇创建示范点为服务对象，建立特色小镇产业项目库，通过市场路演、政府引导等方式，寻找定向投资。互联网金融服务中心创立互联网金融机构评审体系、登记备案系统、证据链备案系统、征信数据库、科技金融征信系统以及“金融行业风向标”的千灯湖指数，促进互联网金融的健康发展。征信融资服务平台包括“互联网 + 应收账款”融资服务平台，能够促进应收账款融资业务发展。创融汇平台建立企业信用信息归集和共享机制，完善企业信用信息数据库，推动国内知名信息服务机构在小镇成立全国性征信公司或商业征信系统。这些金融服务与信用平台的建设，能够帮助科技型中小企业更好地与投资者对接，减少企业与外部投资者之间的信息不对称性，促进科技型中小企业融资。此外，千灯湖创投小镇以市场化方式开展知识产权运营服务，开展一站式的知识产权资产交易和服务交易，探索知识产权与资本市场密切结合的知识产权运营新模式。

三、经验启示

（一）政府配置引导基金

出台《促进重大产业平台产业集聚扶持办法》等配套政策，鼓励基金机构投资中山本地优质企业和项目，充分发挥民间资本的投融资能力。一是产业引导、培育和发展，打造中山市地方产业生态。二是围绕产业发展目标，进一步强链补链，通过重点项目落地和发展实现经济目标。三是与市场化基金协同，推动新兴行业和创新性产业发展。四是通过产融合作，用金融工作支持实体产业的发展。五是探索在国有企业或镇街设立产业引导基金，通过政策引导从而形成市、区两级政府引导基金推动股权投资机构的聚集发展。六是针对当前产业发展环境，探索设立支持新能源产业发展的引导基金，明确参与该基金的子基金必须注册在中山市各大产业平台区域内且政府出资部分需投资本地企业，所投企业在广东股权交易中心挂牌后还可获得奖励，以此引导更多资金投入中山市实体经济。

（二）完善创投基金产业体系

一是遵循链式发展模式，加强创投行业前端科技研发与后端产业创新环节，完善金融配套服务业，促进形成创投完整产业生态链。二是引进大型创投机构，发挥龙头企业的辐射效应，带动创投产业链上下游不断完善。三是设立专门的投融资对接平台，该平台通过建立融资项目信息库和投资机构信息库、搭建线上线下投融资对接平台等举措，提高产业项目和投资机构的对接成功率，加速项目转化。四是重视私募股权与创投基金的发展，可通过“创业＋创新＋创投”的模式打造协同发展格局，在对应的重大产业平台或区域内培育一批新兴产业细化行业的领头羊或龙头企业，为中山本地的制造业转型升级与创新发展提供有力支撑。

（三）改善产业投资营商环境

创投产业链或生态圈的建设有赖于地方政府对空间布局的优化、对服务的提高、对产业生态的优化，以及市场对资源配置的决定性作用。地方政府在建设创投产业链或生态圈时，应界定好政府与市场的边界，树立服务理念，实现从政府管理向政府服务的体制转型。中山市政府不应仅将各种优惠政策作为招商引资的重点，更应搭建信息服务平台，加强信息披露和企业沟通，降低创投活动中的信息不对称程度，降低创投风险，提高创投成功率，形成招商引资中的竞争优势。在招商引资过程中重点关注基础设施和公共服务设施配套、房地产功能复合化开发等环节，积极落实教育、医疗、行政服务、网络、供电等基础设施建设，打造服务型政府，通过优质的营商环境进而实现以商招商、以企引企的新型招商模式。

第二节　东莞创新招商模式，万亩用地全球“揭榜招商”

一、基本情况

招商成效：东莞市通过发挥政府投资引领作用，持续为投资“松绑”改革，大力吸引先进制造业投资，推动优质企业增资扩产，推动形成市场主导的投资内生增长机制。2020 年以来，面对新冠疫情的冲击和严峻复杂的外部环境，东莞举全局之力开展招商百日攻坚，实施八大攻坚行动，掀起产业招商新热潮。2021 年全年共引进内外资项目 3 946 宗，协议（合同）投资 2 938 亿元，完成全年目标任务的 146. 9%，单个项目平均规模增长 4. 2 个百分点；实际投资 1 499 亿元，同比增长 25. 33%，完成全年目标任务的 149. 9%，为稳住全市经济基本盘发挥了重要作用。

主要措施：坚持“制造业立市”，再次谋划产业转型，瞄准新一代电子信息、智能制造、数字经济、高端装备、新材料、新能源、生物医药等七大领域，构建“空间+基金+政策+服务”体系，吹响战略性新兴产业发展的号角。产业空间方面：统筹60平方千米土地，规划建设七大战略性新兴产业基地，分别为松山湖生物医药产业基地、东部智能制造产业基地、东莞新材料产业基地、东莞数字经济融合发展产业基地、东莞水乡新能源产业基地、临深新一代电子信息产业基地和银瓶高端装备产业基地。每年统筹一批300~1 000亩连片产业用地，面向全球“揭榜招商”。产业基金方面：设立100亿元产业引导基金，形成500亿元母子基金群。设立规模100亿元的战略性新兴产业引导基金，引导基金委托市属国有企业管理运营，按照“政府引导、市场运作、规范管理、杠杆放大、防范风险”的原则运作，通过分期设立或参股各类子基金以及开展直投等形式，撬动各层级财政资金、国有成分资金、村组集体资金以及金融资本、产业资本等其他社会资本参与，形成总规模约500亿元的战略性新兴产业母子基金群，助力东莞战略性新兴产业基地建设和产业培育发展。产业政策方面：构建“1+N”政策赋能体系，全力打造新兴产业政策高地。对标最高最优最强，制定以《关于推进战略性新兴产业基地高质量发展的若干措施》为核心的“1+N”政策体系（N是指“一基地一政策”，针对每个基地出台不同的实施细则）。[①] 产业服务方面：推行“七个一”工作机制，重点项目提供全程一对一服务。“七个一”工作机制，即“一名市领导挂帅、一个工作专班、一份产业规划、一套支持政策、一张招商地图、一项配套基金、一项督查机制”。[②] 重点产业项目由市领导牵头挂点包落地，市管干部任服务专员，明确落地时间和路线图，明确责任部门和责任人，强化督导协调，限时回复，限时办结。全面推行代办服务，公布代办事项目录清单，为投资者提供咨询、指导、协调和代办等不收费协助帮办服务，首席代办专员为重点产业项目从项目洽谈到落地建设提供一条龙全程“一对一”服务。

亮点做法：一是围绕战略性新兴产业启动“全球揭榜招商”，招商范

---

① 《东莞市人民政府关于加快打造新动能推动高质量发展的若干意见》。

② 《东莞万亩用地全球“揭榜招商”500亿基金助力新兴产业》，广东省人民政府网站，http://www.gd.gov.cn/gdywdt/tzdt/content/post_3289228.html。

围涵盖新一代信息技术、高端装备、智能制造、新材料、新能源、生物医药、数字经济等领域，旨在为东莞经济高质量发展注入更多新动能。二是为进一步扩大招商引资朋友圈推出了“招商合伙人”制度，正式授牌毕马威、戴德梁行、广东省粤科金融集团有限公司、广东粤财基金管理有限公司、深圳市创新投资集团有限公司成为东莞首批全球“招商合伙人”。

二、创新做法

（一）“莞小投”开启智慧招商新模式

2020 年 9 月，东莞市在全球先进制造招商大会上正式推出招商服务平台——“东莞智慧投资平台”（简称“莞小投”），“莞小投”通过读地云图、园区云图、产业云图、招商政策、招商资讯、投资合作等“三图三库”模块，全面展示了东莞的营商环境及招商资源。通过“莞小投”，投资者可动态掌握东莞首批万亩产业用地、100 个园区超千万平方米产业空间以及上万家规模以上工业企业等的分布情况，为企业“找空间、找伙伴、找政策、找资金、找资源”提供综合性服务，实现招商智能化，改善东莞营商环境。

读地云图以镇街（园区）为单位来划分，全面展示东莞所推出的万亩产业用地，包含市镇联合招商基地、东莞国际商务区、全市四大园区和其他镇街可用地块等四大类型用地。除了以上功能外，读地云图还可展示各镇街（园区）可用招商空间、地块数量、产业招引导向、招商联系人及联系方式等信息。

园区云图包括了东莞市 100 个优质产业园区，合计办公及产业用房总建面积超 1 600 万平方米、可用面积达 1 000 万平方米。通过点击查看园区云图的详情页，各园区平台的简介、联系方式、建筑面积、可用招商空间、产业招引导向、租售类型、配套情况等信息一目了然。

产业云图采集了东莞市一万多家规模以上企业信息数据，全面展示规模以上企业按“五大支柱、四大特色”产业和十大战略性新兴产业在东莞各镇街的产业分布集聚情况，帮助投资者了解各镇街产业情况及核心产业，使投资者对东莞产业情况有更直观、深入的了解。

（二）围绕产业链开展“靶向招商”

东莞市招商部门通过实施“10+N”重点产业招商行动计划（即针对十大产业，每个产业梳理3~5家重点招商目标企业），聚焦五大新兴领域和十大产业，强力开展重特大项目招商和产业链精准招商。瞄准世界500强、跨国公司、大型央企国企、大型民企和独角兽企业，通过登门拜访等方式，“一对一”宣传推介东莞投资环境，吸引目标企业来莞考察洽谈。推动每个园区、镇（街）引进2~3个大型产业项目，大力开展产业链招商。对于计划引进培育的重点产业以及传统优势产业，开展产业链深度摸底调研，摸清东莞产业链发展现状、上下游企业国内外分布等情况。围绕重点发展产业的产业链关键环节和缺失环节，锁定一批重点目标企业，优先引进产业链的高端环节、龙头企业和核心项目，大力实施补链招商、强链招商和扩链招商。

（三）市镇联合招商基地化解用地难问题

为解决新兴产业项目引入后的用地难问题，东莞市于2018年12月出台《东莞市市镇联合招商基地认定管理办法》，明确基地可享受包括项目税收返还奖励等系列扶持政策。2019年4月，东莞市下辖7个镇区成立首批市镇联合招商基地，涵盖松山湖片区、滨海湾片区、水乡新城片区、东部产业园片区四大片区，地块所涉及的控规调整、林地使用、土地征收等问题已基本解决，周边的交通条件及配套设施已具备承接重特大项目的能力。通过系列扶持政策，鼓励镇街开展土地连片招商，形成“土地等项目”的主动局面。

三、经验启示

（一）搭建招商引资信息平台

大力创新招商引资体制机制，通过运用信息化创新手段，建立一个集全市营商环境展示、招商政策宣传、招商资源对接、企业投资服务、项目统筹管理和大数据分析等功能为一体的重大产业平台招商信息系统。信息平台可分为“项目库”和“招商图”两大部分。其中，“项目库”包括政策库、载体资源库、中介机构库、项目管理库等资料类型库。“招商图”包括市级产业招商地图（平台），提供对外展示和网上招商服务。企业用户登录地图后，可以看到全市整体的营商环境、交通布局、产业集群等可视化信息，还可以全面快捷地了解到最新、最全的产业招商政策。

（二）聚焦产业链招引“奶牛型”企业

在招商方向上，围绕中山市战略性新兴产业和中山市特色产业链，以重大产业平台为载体重点招一些效益好、规模大的“奶牛型”企业，对引进的重大项目、特大项目给予效益贡献奖励、固定资产投资奖励、贷款贴息、用地支持等优惠。在招商地域上，应加强与港澳台地区及北上广深等地的招商交流，积极引进一批优质产业项目，以及一批优质企业和央企地区总部，推动其在中山落地。特别是要把握建设粤港澳大湾区的机遇，主动承接深圳、广州、香港、澳门等城市优质产业转移，吸引更多企业进行投资。

（三）提升重特大项目精准招商服务能力

为了更好地开展精准招商服务，可效仿东莞市在重特大项目的招商引资方面，提供“一个项目、一名领导、一套方案、一抓到底”的专门服务，促进项目落地。统筹全市产业招商、科技招商、金融招商、人才招商，定期研究解决重大招商问题。全程跟进全市重特大项目招商工作，组织重特大招商项目评估认定，制定重特大招商项目共性优惠政策，并建立完善投资项目市内流转和效益分享机制。对于意向投资的重特大项目，招商部门应建立相应的项目招商跟踪洽谈机制，责任到人，扎实推进项目会见、选址、洽谈、评估、签约等环节。

第三节　深创投“资本+”服务，集聚全球创新创业资源

一、基本情况

深圳市创新投资集团有限公司（简称“深创投”）于1999年由深圳市政府出资并引导社会资本出资设立，现已发展成为以创业投资为核心的综合性投资集团，注册资本100亿元，管理各类资金总规模约4 424亿元。截至2023年6月，深创投管理基金包括178只私募股权基金，14只股权投资母基金，13只不动产基金。深创投围绕创投主业，不断拓展创投产业链，专业化、多元化、国际化业务迅猛推进。截至2023年6月18日，深创投投资企业数量、投资企业上市数量均居国内创投行业第一位：已投资项目1 696个，累计投资金额约975亿元，其中251家投资企业分别在全球17个资本市场上市，517个项目已成功退出（含IPO）。

二、创新做法

（一）“抄底纾困”，精准导入与提质升级

深圳目前基本形成以基础设施公共事业为主体、金融及战略性新兴产业为两翼的“一体两翼”国有资本格局，通过纾困上市公司实现产业精准导入，并依托区域内优质园区载体不断拓展产业发展空间，建立全周期科技金融服务体系，推动落地企业提质升级。深圳市在开展资本招商时注重

投资时机，选择在大型企业陷入流动性危机或经营低谷的关键节点由深创投下注介入，进而通过议价实现抄底纾困，顺势导入产业项目。而且在借助各类基金组合投资后，能够有效分散某个具体项目的投资风险，确保国资安全。深创投通过资本招商能够以少量财政资金撬动金融和社会资本，扩大基金对项目投入的规模和力度，起到产业引导和培育作用。

（二）创新政府引导基金管理运营模式

一是市场化管理。深创投在国内开创性地建立了“管委会—主管部门—委托管理机构”的三层管理模式。二是投资体系差异化。对政策属性极强的市政工程或基础设施建设项目，采用专项基金方式投资；对周期长、风险大但又需要大量资金扶持的早期创业项目，通过让渡收益，吸引社会资本参投。三是创新考核绩效评价机制。深创投在实践中探索出台了包括引导基金绩效评价办法在内的一系列规章制度，其中考评办法设定了三级考核指标体系，包括一级指标 3 个、二级指标 7 个、三级指标 14 个[①]，例如“将单个项目净收益的2%奖励给投资经理团队，项目失败，则按损失金额的1%扣减”“深创投利润的8%用于全体员工的浮动工资和业绩奖励”等，通过创新规章制度完善政府投资基金的运行机制。

（三）“园区＋创投”资本招商模式

深圳市以科技园区为依托拓展产业发展空间、强化产业承载力；以科技金融为纽带，通过前期租金、资金和技术入股等具体方式，为科技园区和新兴产业发展提供资金支持，同时分享产业发展红利。深创投通过“优先跟投权”（通常不超过5%），在创业团队孵化、成长、成熟过程中，适时开展股权投资。科技金融方面，深创投着力打造涵盖天使孵化、创业投资、

① 《中国最强本土创投如何炼成》，南方新闻，http://baijiahao.baidu.com/s?id=1643920944681494808&wfr=spider&for=pc。

融资担保、上市培育、并购重组等全生命周期的科技金融服务体系，通过混合所有制的“基金群”，有效撬动社会资本服务深圳市产业和城市发展。

三、经验启示

（一）突出政策意图，精准定位新兴产业

政府引导基金的主要目的不是寻求高额的投资回报，其核心诉求在于引导促进地方产业发展，通过引导基金招引优质产业项目，进而推动调整产业结构、促进产业集聚、引导区域经济转型。从具体投向来看，中山市政府在开展资本招商时，应围绕国家战略性新兴产业规划重点支持的七大产业，聚焦新一代信息技术、高端装备制造、新能源汽车、生物产业、节能环保、数字经济等知识技术密集、物质资源消耗少、成长潜力大、综合效益好的前沿产业领域。同时，为了弥补一般创业投资企业主要投资于成长期、成熟期和重建企业的不足，中山市政府引导基金也应侧重扶持本地中小企业、科创企业、高新技术企业发展，包括处于种子期、起步期等早期创业阶段的企业。

（二）撬动社会资源，参与产业平台投资

政府引导基金通常由地市级以上政府牵头，联合产业龙头企业或大型金融机构发起成立，通过少量财政资金作为“种子”撬动金融和社会资本，逐步扩大基金规模、加大项目投入力度，增强产业引导效果。中山市政府引导基金可通过多种合作模式积极导入外部资本及优质资源，包括依托产业龙头企业、大型金融机构和地方政府财政在产业链条、资金链条等方面的独特优势，精准触达优质项目，高效招引目标企业落地。如与中山市特色产业集群或重点产业链“链主”企业合作设立子基金，依托其在生态圈和供应链上的核心地位及人才、技术、市场资源优势，投资于产业链上下游企业。

（三）国有企业牵头，激发资本招商活力

一是深化市场化改革，激发国资国企创新活力。用好用足国资规模优势，深化国有资本投资运营综合改革，构建专业运作体系，充分发挥国有资本投资运营公司在地方招商引资中的引领作用。二是提升综合承载能力，依托园区集聚项目资源。资本招商应突出承载能力建设，依托园区强化项目集聚、资源聚合能力和水平。中山市可充分发挥重大产业平台在项目招引和产业培育中的主战场、主阵地作用，提升产业平台综合配套能力，鼓励创新服务方式、优化服务内容、强化要素保障，营造良好发展生态，为中山市产业发展提供有力支撑。

第四节　肇庆“链长制”招商引资新模式

一、基本情况

2020 年 9 月，肇庆市提出做强新能源汽车及汽车零部件、电子信息、生物医药、金属加工四大主导产业，做优建筑材料、家具制造、食品饮料、精细化工四大特色产业，加快形成“4 + 4”制造业发展格局。2020 年，肇庆市全年新引进产业项目 505 个、计划投资总额 1 160 亿元，其中制造业项目数量和投资额占比均超过 70%。新增开工产业项目 300 个、实际投资额 301 亿元，新增竣工产业项目 271 个、实际投资额 212 亿元，126 个项目实现当年引进当年动工。新增超亿元增资扩产项目 43 个，工业技改投资增长 20.2%、排名全省第 3。投资超 100 亿元的肇庆万达国家度假区、首期投资 120 亿元的宁德时代动力及储能电池等项目顺利推进，“4 + 4”产业总产值占规模以上工业总产值比例提高到 69%。从大湾区兄弟城市引进产业项目 325 个、投资总额 503 亿元。

二、创新做法

（一）打造全链条招商新格局

明晰产业定位后，肇庆改革产业招商模式，突出市级统筹，成立市投资促进部门和驻深圳等4个招商局，打造了一支300多人的专职驻点招商队伍，围绕“4+4”产业开展“驻地招商”“产业链招商”，带动全市形成“精招商、招精商”新局面。一方面，围绕肇庆全市“4+4”重点产业链，加强产业链研究，梳理分析每条产业链上下游企业，建立招商目标企业信息库，摸底全市上下游企业702家，为各地精准招商提供指引。另一方面，肇庆全市各地招商人员紧盯北上广深、江浙闽等地，围绕宁德时代、小鹏汽车、风华高科、金田铜业等“链主”企业上下游，加快引进一批见效快、造血足、科技含量高、附加值高的建链强链补链延链项目。

（二）围绕产业发展，聚焦高层次人才

肇庆市紧紧围绕产业发展方向，聚焦国家“千人计划”专家等高层次人才，积极探索“招商引资+招才引智”一体化模式，近年来共新引进9位节能环保、先进装备制造业、生物医药等肇庆重点发展产业的国家“千人计划”专家落户创新创业。同时，新引进1个“珠江人才计划”创新创业团队、1名“珠江人才计划”领军人才，实现“珠江人才计划”零的突破。[①] 2016年出台“西江人才计划”系列政策后，开展了第一批西江创新创业团队与领军人才的引进工作，共引进团队6个、领军人才3名。[②] 由肇庆市委组织部牵头，联合经信、科技、人社等职能部门，全面调研摸查新能源汽车、先进装备制造、节能环保、高端电子信息和生物医药等5个

---

① 中国产业经济信息网，http://www.cinic.org.cn/。

② 《肇庆市“招商引资+招才引智”模式成效显著》，今报网，http://www.jinbw.com.cn/lvyounews/2017-09-12/n_15051976.365912.html。

主导产业的发展现状、发展方向。先是重点了解各产业链条、重点企业、高新科技企业等对人才及人才项目的需求，切实摸清产业对人才的需求情况。然后根据产业发展的需求情况，积极对接中国科学院、清华大学、北京大学、华南师范大学、北京理工大学、国家“千人计划”专家联谊会等高校科研院所、人才工作机构展开合作交流。

（三）以“实”为主，完善考核方式

2020年，肇庆市围绕“产业优先、制造业第一”的发展方向和产业链短板，明确了电子信息（半导体）、新能源汽车及汽车零部件、先进装备制造等10条产业链，突出产业链招商，着力招引有利于促进产业集聚、形成“产业链”的龙头项目，打造“大项目—产业链—产业集群”的发展模式。首先，根据实际情况，明确各地不同的主导产业链，并要求各地引进本地区主导产业链项目的数量、计划投资额分别占当地目标70%以上。其次，指定各地党政主要领导为本地区招商引资和项目落地的第一责任人，对有投资意向的优质企业，由市领导带队，每月到各驻点城市开展登门招商。肇庆市主管部门将其每月在外招商的天数、召开项目落地建设会商会的次数纳入考核。对在招引重大项目中发挥重大作用并有突出实绩的招商干部，年终绩效考核奖励予以倾斜，并优先评优、提拔使用或晋升职级。

三、经验启示

（一）打通“链长制”招商引资实施路径

首先，坚持项目固链、龙头引链，做强招商引资产业链，以项目落地为王，需要扩大有效投资，在招大引强上下功夫。要针对产业链薄弱环节抓关键企业招商，特别是要吸引制造核心产品的知名企业投资落地，支持龙头企业发挥辐射带动作用，实现产业链上下游的横向联合、纵向整合。其次，围绕中山市重大产业平台，坚持业态延链、数字强链，布局招商引

资创新链“链长制”招商，可在已有产业集群的基础上，通过招商推进产业链的数字化、智能化和集约化转型。再次，做好中山市特色产业集群和产业链招商，做强战略性新兴产业，做优产业链产业，也要注重招才引智，要招引一批熟悉招商、产业、贸易和金融的专业人才，充分发挥企业家、技术人才、金融投资专家、招商干部等关键人员在招商引资中的作用，提供人才、技术、关键资源等高端要素的集聚平台，提升专业化招商水平。最后，充分发挥链长作用，通过政府牵头和各方联动，针对性地补强补齐产业链，形成协同招商的体制机制。

（二）创新招商考核工作机制

由中山市委、市政府定期召开全市项目建设现场观摩点评会，由主要领导对各地重大项目引进和落地情况进行现场观摩评比，理顺发展思路，破解关键共性问题，推动项目快速落地见效。开展“产业招商落地巡查日”活动，通过组织全市处级以上领导干部带队下沉基层一线开展巡查，协调解决产业项目落地建设过程中遇到的困难和问题，全力推动一批优质项目提速增效。市领导分别负责挂点联系各镇街或重大产业平台，重点对各地投资额 1 亿元以上的已签约未竣工项目和增资扩产项目开展巡查，推动项目按时供地、开工、竣工、投产。

（三）强化驻点招商能力

市驻京办统筹中山市市区、镇街两级力量，打造一支百人以上规模的专职驻点招商队伍，围绕北京、上海、深圳、广州等一线城市，成立驻点招商工作组，同时由市级部门和镇街分别成立由一名熟悉招商引资业务的干部担任组长、10 名以上熟悉招商引资业务人员组成的驻点招商工作组，大力开展驻点招商，主动对接广州、深圳、香港等大湾区核心城市产业溢出，精准聚焦产业项目引入。制订出台驻点招商工作实施方案、驻点招商工作机构经费使用管理办法、驻点招商机构及驻点招商人员考评方案等系列驻点招商工作文件。

第五节　珠海国资闯出“以投促引”新引擎

一、基本情况

2020 年 1 月，珠海市出台《关于深化市属国有企业市场化改革的意见》，提出到 2022 年珠海市属国有企业将全面落实市场化选人用人机制和考核激励约束机制，实现国资监管向“管资本”转变。2020 年 3 月，珠海市在各市属国企对自身战略目标梳理结果和拟定改革方案的基础上，又出台了《珠海市市属国有企业重组整合方案》，按照加大国有资本布局结构战略性调整、推动优质资源向优势企业集中、理顺部分企业产权关系的改革思路推进市属国企战略性调整和重组。① 重组整合工作完成后，珠海市属国企由 16 家整合为 12 家，有效推进市属国企要素资源科学调配，推动国资国企高质量发展。公开数据显示，2020 年，珠海市属 12 家国企实现营收、经济增加值分别为 1 781. 85 亿元、505. 47 亿元，同比增幅分别为 47. 95%、59. 69%。截至 2020 年末，珠海市属国企资产总额达 8 169. 70 亿元，同比增长 30. 69%。

二、创新做法

（一）聚焦战略性新兴产业

在增强珠海市产业发展新动能上，国资国企围绕珠海培育壮大五大千亿级产业集群和航空航天等高端装备制造业目标，通过外延并购、以投促引等方式方法，大力发展实体经济，加快引进一批见效快、产值高、带动

① 《向改革要动力　向创新要活力　珠海国资国企改革赋能实现高质量发展》，珠海市政府网站，http://www.zhuhai.gov.cn/gzw/gkmlpt/content/2/2714/post_2714788.html#350。

效应强的高端制造业项目，加速培育一批具有引领性、前瞻性的未来型、科技型企业。以“产业投资 + 产业引进”为主线，在“十三五”期间，珠海市属国企新增产业投资项目超 300 个，投资金额超 400 亿元，促成 70 多家企业签约或落户珠海。仅 2020 年，便投资了超 150 个产业项目，涉及投资金额超 250 亿元，促成超过 30 家高科技企业签约或落户。

（二）深化国企改革激发活力

通过股权整合、资产置换、无偿划转、战略合作等方式，2020 年，珠海将原有的 16 家市管企业重组整合为 12 家，国有资本战略布局结构更合理、主业更突出、优势更明显。其中，将格力集团组建为国有资本投资运营平台，成为本轮市场化改革的一大亮点。同样具备样本意义的还有华发集团，2021 年华发集团入选国务院国企改革“双百企业”试点名单，作为所有“双百企业”中唯一的非省会和计划单列市的地级市国有企业，树立了国企改革典范。更多市场化改革举措还在陆续深入，包括通过推行市场化选人用人、改革企业薪酬分配制度，探索建立项目跟投机制和员工持股试点等。

（三）“以投促引”布局产业发展

最早被珠海国资相中的长园集团是率先践行“以投促引”的样本。2019 年以来，格力集团推动长园集团将旗下珠海深瑞智能、珠海深瑞智联、珠海长园达明智能、珠海运泰利软件 4 家公司和重点项目长园深瑞新能源智能产业创新基地、长园智能制造科技产业园相继落户珠海，并持续扩大在珠海市的业务布局。2019 年，长园集团旗下长园电力、长园共创、运泰利、达明科技、欧拓飞等 5 家企业累计为珠海贡献就业岗位超 2 800 个、产值 19.81 亿元、纳税 1.64 亿元。2020 年，格力集团“以投促引”推动 19 个优质项目落地珠海，总投资近 40 亿元，“以投促产”投资 30 家本土企业近 70 亿元，支持其进一步做强做优，逐步成为珠海打造现代产业体系的“新引擎”。

三、经验启示

（一）围绕优化国资布局核心开展国企改革

中山市国企重组整合应围绕优化国资布局进行，加大国有资本布局结构战略性调整，其中组建国有资本投资运营平台是国资监管由“管企业”向“管资本”转变的重要手段。通过股权合并整合、资产置换、无偿划转、战略合作等方式，调整优化国有资本结构，推动中山市国有资本战略性调整和重组。同时鼓励市属国有企业通过证券市场、产权市场，聚焦产业链、价值链，开展跨地区、跨所有制的开放性联合重组。推动国有资本向前瞻性、战略性产业以及未来可能形成主导产业的实体经济领域集中，向基础设施与民生保障等关键领域集中。

（二）整合市属国企纳入国资板块

围绕优化国资布局这一核心目标，探索将中山市全部国企纳入相应国资板块，并推动优化国有企业业务布局，聚焦主业打造核心竞争力。通过重新确定市管企业主责主业，优化企业主业，集中资源发展优势业务；按照“产业相近、行业相关、主业相同、优势资源集中”原则进行重组整合，消除企业间同质化无序竞争，增强核心竞争力。可将国资板块设置为战略性新兴产业板块、基础设施和城市运营板块、高端服务业板块和公益保障板块。其中第一板块包括新一代信息技术、先进制造业、生物医药及医疗器械和高端服务业等战略性新兴产业；第二板块包括城市基础设施投资、建设、运营，房地产开发运营，航空与港口基础设施投资与运营等业务；第三板块包括现代商贸、休闲旅游、会展服务等业务；第四板块包括公共交通、供水与污水处理、安保服务等业务。

（三）国资引领产业发展

探索将中山金控集团组建为国有资本投资运营平台，发挥国资对产业引导、产业培育的战略引领作用，肩负推动中山市实体经济和科技创新发展的历史使命。以国资国企的有效资产作为市财政二次投资的重要依托，既有效增强国资国企产业投资能力，又进一步提升中山市国有资产证券化水平。通过国资国企的投资引领，彻底解决长期以来困扰中山市的“钱从哪里来”问题。

第九章 长江三角洲招商引资改革经验

第一节　合肥聚焦“双招双引”，实现产业链招商“无中生有”

一、基本情况

从最初的“缺芯少屏”到如今的“芯屏汽合”，合肥市遵循“缺什么就补什么”原则进而实现“无中生有”，再全力引入龙头项目，最后产业成链成群，实现“小题大做”。2021 年上半年，合肥市新签约项目 739 个，协议总投资 3 200.1 亿元，项目数、协议投资额同比分别增长 46.6%、40.0%；其中 100 亿元以上项目 5 个，50 亿元以上至 100 亿元项目 4 个，20 亿元以上至 50 亿元项目 18 个，10 亿元以上至 20 亿元项目 40 个，10 亿元以上项目数同比增长 48.9%，总部类项目 60 个，总投资 333.5 亿元。新签约重点产业链项目 427 个，占比约为 57.8%，重点产业链项目数同比增长 42.3%；其中，新能源汽车暨智能网联汽车产业链项目协议投资额达 598.6 亿元，比 2020 年全年增长 134.1%。

目前，合肥市正通过定期梳理更新签约项目进展情况和存在问题，及时协调解决项目落地堵点难点，推进项目尽快落地。同时结合“十四五”规划，适应产业发展和项目新特点与诉求，推进《合肥市招商引资考核办法》《合肥市大项目招商引资政策导则》修订完善，为项目引进提供强力要素保障和政策支持。后续，合肥市将强化现代服务业招引，在新经济、新消费等领域，加大优质服务业企业的招引培育，并将尽快出台更加细化、贴切、可操作的专项服务业扶持政策，精准助力服务业项目落地。

二、“无中生有”招商特点

（一）紧盯产业链核心环节，实施全链式布局

2008 年，青岛、佛山、合肥、武汉等城市在家电产业发展上竞速，但共同面临着行业重要部件液晶显示器只能依赖进口的问题。“白色家电”缺显示屏，就必须加快发展屏幕产业。基于这种判断，合肥市研究决定以新型显示产业作为突破口，与京东方开展项目合作。解决了“面子”问题后，发现里面的驱动芯片也要进口，于是合肥开始布局集成电路产业。如今，合肥的“芯”“屏”产业已成为“强环”。在京东方项目的带动下，合肥新型显示产业基地已集聚企业 100 余家，集成电路企业由 2013 年的 12 家增长到 2020 年的 283 家。合肥已成为国内少数几个拥有芯片设计、晶圆制造、封装测试、设备材料等全产业链的城市。

（二）“国资国企”领投产业

以尊重市场规则和产业发展规律为前提，以资本纽带、股权纽带作为突破口和切入点，合肥市政府通过财政资金增资或国企战略重组整合打造国资平台，再推动国资平台探索以“管资本”为主的改革，通过直接投资或组建参与各类投资基金，带动社会资本服务于地方招商引资，形成产业培育合力。一方面，合肥注重强化资本运作，依托合肥产投、合肥兴泰、合肥建投三大国资投资平台作为开展资本招商的“牵引器”和“主力军”，联合中信、招商等头部投资机构共同设立近千亿元的产业基金群，形成“引导性股权投资 + 社会化投资 + 天使投资 + 投资基金 + 基金管理”的多元化科技投融资体系，不断增强创新资本生成能力。另一方面，在具体运作机制上，合肥主要通过投资并引入上市公司募投项目推动落地，并围绕投资前期、中期、后期全链条打造“引进团队—国资引领—项目落地—股权退出—循环发展”闭环，推动城市经济发展与项目招引、产业培育共融共生、协同发展。

（三）顶格推动“双招双引”

合肥市政府通过制定《省领导重点联系项目跟踪服务办法》建立招商引资顶格承接机制，成立由市政府秘书长任组长的“省领导重点联系项目跟踪服务工作合肥市协调小组”，实现顶格对接流程的标准化。合肥市委、市政府相关负责同志担任 12 条重点产业链“链长”，从市级层面建立统筹调度机制，明确管行业必须管投资，压实行业主管部门责任，合力解决企业遇到的困难和问题。绘制安徽省领导重点联系项目跟踪服务流程图，根据安徽省“四送一服”综合服务平台推送项目，形成项目清单，明确项目承办单位并进行跟踪督办。针对平台推送的“双招双引”（招商引资、招才引智）项目，建立专人专项对接机制，确保项目有人盯、有人抓。

三、经验启示

（一）瞄准重点产业，撬动转型发展

招商引资要顺应国家发展大势，聚焦高端新兴产业，深入研究产业发展方向，锁定目标企业，再打通产业链。招商部门要紧盯产业、紧盯产业链、紧盯目标企业招商，从市领导到普通招商人员，必须对中山现有产业链有深入了解和认知。通过设立产业招商小组和产业招商委员会，明确各小组专攻的产业方向，深入开展产业研究，开展精准招商。“无中生有”的关键在于决定投资与否，中山市招商部门可以基于产业刚需、产业市场规模、发展前景等，通过尽职调查，对产业、行业进行深入研判，并结合外脑、第三方评估机构以及在目标产业领域的国内顶级专家意见，力求对产业和项目理解准确，最终确定产业投资的方向。

（二）深化市场化改革，激发国资国企创新活力

资本招商是按照市场化管理、专业化运作方式开展的招商手段，最终的招商成效很大程度上取决于地方招商引资机制的决策运营效率。中山市政府可借鉴合肥高度市场化的国资国企管理体系，用好用足国资规模优势，深化国有资本投资运营综合改革，构建专业运作体系，充分发挥国有资本投资运营公司在地方招商引资中的引领作用。在明确投资产业或项目以后，寻找优质的合作企业主导项目运营，市国有资本在投入时必须坚持全面的市场化运作，包括参与定向增发、海外并购、产业基金直投等方式，同时在投入前设计完善退出机制，打造出一条“不谋求控股权、产业向好发展后及时退出，再投入下一个项目”的优质路径。

（三）强化要素保证，推动招大引强

将中山市现有资源、政策、人员等要素不断向招商引资一线汇集，建立招商引资小组和驻外招商办事处。全力打造“政策工具箱”，重点推出基金、人才、土地等政策，让政策、资源跟着一线人员跑，成为吸引企业、吸引项目的强大磁力。在合法合规的前提下，赋予招商引资一线人员有针对性地使用相关政策的权利，提高项目谈判成功率，提升招商引资效率。同时，市相关部门在重大项目或产业招引前，应做好区域地理、水电供应、人才供给等方面的招引方案，确保企业和项目招得来、落得稳、建得快，凭借独特的政策优势和强大的政府服务牢牢抓住优质企业和项目，避免流失。在财政资金充裕的基础上，大力引进大学和科研院所，积极投入建设大科学装置等平台，然后通过探索机制体制创新，促进大学与本地的优质企业和上市公司的有效互动，打通从知识到产业并最终走向市场的多个环节，实现要素间的互动和催化。

第二节 苏州推出招商“热力图”，开创信息化招商新模式

一、基本情况

2020年，苏州全市新开工项目2 588个，比上年增加260个。当年新开工项目完成投资1 356亿元，比上年增长7.2%。全市新兴产业完成投资1 330.3亿元，比上年增长35.0%，其中，生物技术和新医药、智能电网和物联网、节能环保产业投资增速分别高达46.0%、64.7%、42.1%。高新技术产业完成投资692.6亿元，增长38.8%。高技术产业完成投资665.8亿元，比上年增长37.4%。苏州市完成固定资产投资5 224.4亿元，比上年增长6.6%，其中工业投资完成1 527.7亿元，比上年增长27.4%。工业技改投资完成820.5亿元，比上年增长2.2%。产业项目投资完成1 785亿元，比上年增长22.5%。亿元以上项目投资完成2 236.8亿元，比上年增长15.1%。

2020年，全年新设外资项目1 256个，比上年增长26.4%，新增注册外资189.1亿美元，比上年增长66.8%。实际使用外资55.4亿美元，比上年增长20%。新增总投资超亿美元项目（含增资）112个，注册外资120.9亿美元，占全市引资增量的63.6%。制造业新设项目253个，新增注册外资68.9亿美元，其中新兴产业项目数、注册外资占比分别为73.1%、60.7%。服务业新设项目1 003个，新增注册外资120.2亿美元，其中现代服务业项目数、注册外资占比分别为38.2%、40.6%。新引进和形成的具有地区总部特征或共享功能的外资企业35个，累计超过330家。

二、主要特点

（一）推出招商引资“热力图”

2020 年 1 月，苏州市政府在“苏州开放再出发”大会上面向全球发布国内首张“苏州开放创新合作热力图”（以下简称“热力图”）。“热力图”突破条线部门、行政区域之间的界限，把碎片化信息汇总归纳梳理，打造成若干条“珠串”，整体推荐给全球投资者。热力图下设投资考察线路图、平台载体导引图、产业用地供应图和投资合作机会图四个频道，信息量共 1 474 条。投资考察线路图包括 8 大类、106 条投资考察线路，覆盖 481 个节点，投资者可根据自身产业方向精准选择，线路可浏览的信息包括线路介绍、节点实景相片、行政地址、联系人、联系电话等，点击“地图”完成定位即可驱车前往；平台载体导引图包括 23 个类型、230 个招商平台载体总面积 655 万平方米的导引，平台载体的名称、行政地址、总建筑面积、可招商面积、招商联系人、联系电话等内容一目了然；产业用地供应图包括 31 个类型、45 个区域的产业用地，总面积 68.8 平方千米，图中在可供应地块上清晰标注了重点招引产业类型，涉及智能制造、生物医药、人工智能、新一代信息技术等产业类型；投资合作机会图包括 175 个项目、718 项需求的投资合作机会信息，项目名称、简介、需求类别、需求内容、联系人、联系方式等信息一一公开。上线后，“热力图”点击量已达十万余次，微信公众号关注活跃用户超 5 000 个，提供项目对接线索近 500 个。

2020 年 5 月，“热力图”第五张“产业链全球合作对接图”正式上线，对接图以苏州市 1 万家产业链重点企业为基础，建立产业链供需数据库，无论企业是需要普通零件、精密仪器，还是高端设备，都可在平台上实现供需精准对接。[①] 对接图从维护产业链、供应链稳定的高度出发，以全球视角强化主导产业补链、延链、强链和优化、创新、提升，明确了生物医药和高端医疗器械等五条产业链，打造产业链对接云平台。对接图电子版包括移动端和 PC 端。产业链及其分布图包括生物医药及高端医疗器械、软件和集成电路、新型显示、汽车及零部件、智能装备等五条产业链，以及产业链各环节重点企业及其基本信息和分类、重点企业供应或需求信息。对接图开发了产业链各环节重点企业对接平台，以产业链重点企业为基础，建立产业链供需数据库。企业登录注册后，经相关部门审核，即可实时发布供需信息，以实现产业链供需双方实时撮合，完成线上对接。

截至 2023 年 3 月，苏州开放创新合作“热力图”已更新到 8 张，服务内容涵盖投资考察、平台载体、产业用地、投资合作、产业链全球合作、人才创新合作、乡村产业合作以及日韩客商参观导览等。

（二）政府担当金牌“店小二”

苏州市营商环境创新大会推出“优化营商环境创新行动 3.0 版”，倾力打造“苏州最舒心”营商服务品牌和“4S”国际版营商服务品牌，决心用像汽车 4S 店一样公开透明、五星级酒店一样标准可靠的“至高服务”，赢得“投资中国、首选苏州”的口碑。苏州市招商部门不仅把服务延伸到“最后一公里”，更是延伸到最后的“水龙头”。为了更好地服务企业，在“热力图”涉及的区域，电网架设、供水主干管网、供气中压管网都已全覆盖，只要企业提出申请相应资源立刻开通，让办事流程永远比企业需求提早一步。通过推出“热力图”，倒逼苏州投资招商的管理与服务从定性变为定量、静态变为动态、单一变为综合、滞后变为实时，通过管理与服务更加精准化、规范化和智能化，向全球投资者提供透明、公平、便捷、

① 《苏州“热力图”迎来“对接图”》，人民资讯，http://baijiahao.baidu.com/s?id=1683132551175068600&wfr=spider&for=pc。

稳定的预期和资讯。为了和企业无缝对接，苏州市昆山开发区专门配备由4名专业人员组成的服务小组，提供包括企业注册、法律事务、产业对接的“一条龙”服务。

三、经验启示

（一）以镇街经济实施开放带动战略

苏州模式的本质是对外开放，基础是土地的整理开发，关键是招商引资。中山市的镇街对建设用地的使用有一定的话语权，且镇街领导拥有相应的行政手段，在中山各镇街推行苏州模式具有可行性。同时可引入镇街横向竞争机制，赋予镇街在招商引资时充分的领导权、决策权和发展权。一方面，市政府对各个镇街下达考核指标，并且根据业绩决定干部使用和奖励考核；另一方面，对镇街充分授权，能下放审批权限的全部下放。通过竞争、考核等方式推动镇街全方位发展。根据中山市重大产业平台发展规划，结合镇街实际情况，在市级层面统筹引导镇街在招商引资中错位发展，在避免同质化竞争的同时形成产业链或产业集群的互助互补。

（二）建立信息资料库，尝试线上招商新模式

学习苏州市推出招商“热力图”，结合中山市实际情况，将招商引资信息脱敏上网，包括但不限于产业用地供应信息、投资考察线路信息、重大产业平台载体信息、各类招商引资政策信息等。以2.5D或3D形式，将中山市整体情况信息化、数据化，使全国各地的企业或意向投资机构可以最快地了解相关信息，在各大产业平台或镇街板块中设置当地需求项目或产业，企业通过在线提交材料的方式提高沟通效率、降低招商成本。通过数据平台让意向投资企业提前了解中山市基本情况，明确投资方向和落地方式，提高招商部门与企业之间的谈判成功率。尝试线上招商工作，从在

谈项目线上洽谈、对接服务，成熟项目通过在线签约、邮寄文本等方式达成约定，到通过官方网络媒体、各类合作网站、微信公众号、小程序等资源，开展在线政策发布等。

（三）加快园区建设，围绕平台及产业链招商

借鉴苏州“链条式”招商模式，每引进一家产业链龙头或重点企业，就密切跟踪该企业在产业链条中的上、下游企业，通过该企业搭桥铺路，进而实现产业链条式招商。在产业园区的建设上大胆创新，在园区的开发、建设、管理上积极引入市场机制，按照国际标准建设，加大基础设施投入力度。建设成熟优质的产业园区配合链条式招商引资，最终实现中山市特色产业的集聚效应和产业转型升级，并通过“补链”“强链”等方式使中山市重点产业链越聚越长、越补越粗。

第三节　杭州开启城市资源数智化“云招商”模式

一、基本情况

杭州市以生物医药、航空制造、集成电路等市级专班为先锋，狠抓重点产业招大引强专班攻坚。通过抢抓央企国企布局新基建等国家战略，围绕浙商、杭商等产业链头部企业以及阿里、西子、海康等本土优质企业贯通产业链上下游，开展“浙商回归、杭商回家”专项行动等具体举措，立体推进项目招引，赋能经济发展。全年各专班盯引的重点项目 70 余个，推进亿元以上项目签约落地 60 余个，涉及总投资约 1 500 亿元。

2020 年，杭州市全年落地总投资 1 亿元以上产业项目 710 个，涉及总投资 3 801 亿元，其中，制造业项目 198 个、总投资 1 124 亿元，服务业项目 512 个、总投资 2 677 亿元。落地总投资 10 亿元以上项目共 126 个，其中，制造业项目 40 个，服务业项目 86 个。新引进外商投资企业 804 家，

实际利用外资 72 亿美元，总量规模创下历史新高，完成年计划的 116.1%，同比增长 17.5%，高于全省增幅、超过全国增幅 13 个百分点。在全国 10 大重点城市中，利用外资总量列第 4 位（列北上深之后）、同比增幅列第 2 位（超过北上广深）；总量列全国省会城市第 1 位。新建工业项目固定资产投资 254 亿元，完成年度计划的 103.3%，同比增长 21.4%。

二、主要特点

（一）建立体系化招商引资机制

杭州市于 2017 年 7 月组建成立投资促进局，标志着杭州市实现内外资招引工作的统筹。形成了市投资促进领导小组统一领导，市投资促进局抓统筹，市级产业部门协同配合，14 个区县（市）及钱塘新区为主体，国家和省级开发区为主战场的全市大招商工作格局。2017 年 9 月出台《关于进一步完善杭州市招商引资机制的若干意见》，强化顶层设计。2018 年 3 月建立市政府常务会议听取重大产业项目进展情况报告工作机制，督促各地抓好重大产业项目谋划。2019 年 5 月出台《全市“一盘棋”产业链精准招商工作制度（试行）》，强化市域统筹。2020 年 7 月市政府明确重大产业项目推进“双周例会”制度，全力推动抓项目、引项目、落项目。

（二）确立精准化招商理念

杭州市招商引资工作由碎片化招商模式向系统化产业链精准招商模式转变。在市级层面，谋划布局了集成电路、航空制造、人工智能、空天信息、光通信等市级重点产业链。在区县层面，通过市政府常务会议听取重大产业项目进展情况报告工作机制，梳理确定各地重点发展的 3 条产业链，突出主导产业，形成错位布局，推动特色发展。谋划布局了生物医药、新能源汽车及关键零部件、人工智能、集成电路制造、工业机器人、通用航空等13个新产业平台，制定印发《关于做好“万亩千亿”新产业平台产业链精准招商工作的指导意见》。以钱塘新区所属平台为试点，探索实施“产业投资标准地”，实现“地等项目”，积极导入相应的产业项目，推动产业项目集聚。

（三）打造“云招商”新局面

2020年3月，杭州发布全球招商产业用地计划，3年内将推出45平方千米的产业用地，并陆续开通VR平台，采用“云供地”的方式，面向全球伸出“橄榄枝”。[①] 同时，以钱塘新区为范本，推出“产业投资标准地”模式，将每块地的产业定位细分到产业链二级或三级目录，突出对项目贡献率的要求，形成好中选优的高质量项目遴选标准。杭州市招商人员通过网上洽谈、视频互动交流、客商同步在线、电话答疑解惑等方式，向企业推介当地的产业资源和突出优势。洽谈合作项目时从场地租金政策、工商税务咨询、外资备案流程等多方面为企业提供“全方位、一站式”服务。“云招商”模式改“面对面”交流为“屏对屏”“线对线”沟通，加强与项目投资方的联系，为杭州市积累了一批项目并迅速达成投资签约意向。

三、经验启示

（一）实施重点项目挂图作战行动

根据国家、广东省和中山市“十四五”规划产业导向，抢抓“双区驱动”的历史性机遇，谋准产业发展赛道，多渠道链接全球产业发展资源和项目信息，服务构建新发展格局。结合产业发展趋势，以完善中山市优势

---

① 《重磅！杭州发布全球招商产业用地计划！全国首推云上读地》，余杭时报，https://baijiahao.baidu.com/s?id=1660061505858973459&wfr=spider&for=pc。

产业的产业链、供应链、生态链为切入点，厘清产业基础和市场需求，明确落地载体和政策支持，推动项目生成。瞄准世界一流和全国领先企业，以重点产业（含细分产业）前十强企业和境内外上市、销售规模超百亿元的龙头企业等为主攻目标，综合建立重点项目招引攻坚清单和重大项目策划生成企业名录，强化洽谈对接和重大项目突破。注重动态更新目录清单，紧追投资信息，深挖项目源头线索。

（二）实施重点项目按图索骥行动

深化产业招商小组工作机制，根据重点聚焦产业、重大招引项目，抽调精兵强将，调整和组建重点产业招大引强工作专班及重大招引项目工作小组，瞄准清单实施定点爆破，加快项目引进步伐。着力提升专班工作水平，当好全市产业招商的领头雁，形成更多可复制推广的项目招引经验向各镇区街道进行推广。以产业招商小组为基础作战单元，加强与商协会、“四大所”、投资促进机构等专业机构合作，在巩固日常对接关系的基础上，从产业链视角切入，以高端装备制造、新一代信息技术、健康医药三大战略性新兴产业为主要合作领域，建立系统性、全方位、专业化的深度合作，共同服务好500强企业、跨国公司和行业龙头企业，促成境内外重点项目来中山落地。同时聘请专业分析师、投行专家以及行业头部企业、产业主管部门负责人等，组建成立重点产业发展研判和项目招引的专家智库，为项目研判和洽谈推进提供智力支撑。

（三）实施招商引资整体推进行动

持续推进项目管理机制改革，重构项目管理体系，打造从项目策划生成到项目全周期管理的制度体系，带动中山市产业投资系统性提升，赋能产业招商高质量推进。建立中山产业投资项目数据共享平台，单独设立总投资亿元以上产业项目数字化管理模块，实现项目从盯引、洽谈、签约、注册，到落地、建设、投产和达产的全周期管理。同时，通过数字化改革牵引，打破项目数据共享互通壁垒，与发改、市场监管、统计、税务等部门及时交互项目投资、产值、税收等信息，加强数据应用、监测与分析，为产业招商提供决策参考。大力推动数字化招商新模式，打破原有招商引企洽谈方式，鼓励招商人员和意向企业通过线上进行对接沟通。探索将中山市各类资源要素数据化、平台化，方便企业了解招商信息，提高招商引资工作效率。

第十章
国内重点产业平台招商引资改革经验

第一节　东莞松山湖功能区招商选资新做法

一、基本情况

松山湖功能区位于东莞地理几何中心，坐落于粤港澳大湾区的黄金腹地，南邻香港、深圳，北靠广州，是广深港澳科技创新走廊的核心创新平台。2019 年 4 月，东莞市启动通过强化功能区统筹优化市直管镇体制改革，松山湖功能区在原来松山湖片区“1 +6”基础上，增加横沥、东坑、企石等三个镇，统筹发展功能区范围内“一园九镇”发展规划、区域开发、产业发展、重大项目建设和政务服务效能提升五大领域工作。2020 年，松山湖功能区年度计划共需统筹 243 个重大项目，其中包括 107 个市级重大建设项目、22 个省重点建设、108 个市预备重大项目、6 个省重点预备，总投资 1 796 亿元。其中，重大项目 109 个，总投资额约 995. 7 亿元，全年 49 个重大建设项目累计完成投资 153. 4 亿元，较 2019 年完成的 114. 1 亿元增长 34. 4%，超额完成 77 亿元。

二、主要特点

（一）边招商边打造特色主题园区

在拓展增量项目方面，松山湖功能区坚持将招商引资、招商选资作为推动经济高质量发展的重要抓手。在强化政策导向方面，出台涵盖园区产业、科技金融、人才、经贸和其他等五大领域共16套优惠政策，加强产业引导，优化营商环境，吸引优质企业落户园区。其中，为解决产业用地难问题，出台了《东莞松山湖产业用地管理暂行办法》，进一步明确园区工业用地及科研用地的准入标准。在打造特色主题园区方面，园区联合15家载体企业共建松山湖北部现代服务业主题产业园，由招商团队下沉载体企业联合办公，推行“零地招商”，推动产业集聚发展。如松山湖北部现代服务业主题产业园区内，软通动力、中软国际、华微明天等众多华为的供应商，以及信息服务、硬件设计、检验测试等通信行业的产业链企业随着华为终端总部的到来，开始集聚松山湖。松山湖根据企业发展情况和不同发展阶段，遴选现有规模及税收贡献较大的22家大型企业进入主力军企业梯队，已进入量产阶段的22家高新技术企业进入生力军梯队，以及尚处于实验室或中试阶段但具有颠覆性、前沿性技术的28家企业进入后备军梯队，研究出台相应配套扶持政策，实行领导挂点跟踪帮扶，加快形成层次分明、梯次发展的企业结构。围绕东莞市《深入推进企业高质量倍增发展　助力构建现代化经济体系工作方案》，配套出台扶持政策，落实企业经营监测机制，确保倍增企业数量、税收、营业收入等指标走在全市最前列。

（二）坚持“统”“简”“督”三字方针

一是坚持一个“统”字。进一步完善松山湖推进重大项目建设领导工作制度，坚持主要领导带头抓重大项目，严格执行园区班子成员挂点服务工作制度，为重大项目提供“一个项目、一名领导、一套方案、一抓到底”的专门服务，促进重大项目加快建设，确保每个项目有一位领导、一套工作班子负责，造大“全员抓项目”声势。二是聚焦一个“简”字。瞄准松山湖建设作为东莞市建设工程项目审批制度改革唯一试点的契机，大力推进审批制度改革，不断简化办事流程。全面实行“告知承诺+负面清单+信用监管”审批服务新模式，增强审批服务动能；深入开展区域评价、多评合一和“标准地”改革，精简审批事项，加快推进项目落地。推出"自定义"线上审批流程，实现多部门全流程使用服务系统进行线上审批。三是抓好一个"督"字。充分利用督查室、企业投资服务中心等部门力量，采取跟踪督查、重点督查、专项督查等多种方式，切实加大项目督办落实力度。

（三）完善服务保障机制

对于重大项目的落地和建设，松山湖完善了项目服务保障机制，坚持每月至少以管委会名义召开一次重大项目服务保障会议，并根据实际情况不定期召开专项协调会议，重点研究解决项目建设过程中遇到的问题。松山湖建立了管委会主要领导亲自带头督导、各班子成员挂点指导、招商局项目经理具体跟进的三级工作机制，严格执行项目落实专人专责跟踪服务工作，为项目建设提供高效率的一对一贴身服务。同时，松山湖全面推进"一门式一网式"政府综合服务建设，启用松山湖一站式服务办事中心，并在全市首推行政审批超时默认和限时办结制度，完成 129 个事项改革，并成为全国最早开展电子商务企业集群注册试点，政务服务改革成效明显。此外，在产业帮扶、租金优惠、融资租赁、人才扶持等方面，松山湖功能区也为企业发展提供了优厚条件。例如，对新迁入的总部企业，最高给予 1 亿元的落户奖励；对重特大项目，符合条件的最高给予 7 000 万元的效益贡献奖励、1 000 万元的贷款贴息支持；对重点发展的软件与信息技术服务产业，松山湖实施强有力的租金补贴，租金最低可降至 15 元/平方米，是深圳同类政策性载体租金水平的约四分之一。

三、经验启示

（一）强化招商引资的顶层设计

一是招商引资过程中做好顶层规划，无论是新一代信息技术、健康医药或是光电产业等高新技术产业，在招引过程中不仅应当选择性地引入龙头企业，更应适当引入上、中、下游的配套企业，同时注重对研发类高新技术企业的招引，从而快速提升产业平台或者产业园区整体的研发水平和支撑力度。二是在园区产业整体布局中同样需要合理的规划与设计，做好整体功能区分，根据产业的不同和产业内企业的上下游关系，统筹协调发展，实现资源共享和合理分工，推动产业区域和产业链的快速形成。三是积极整合土地资源。建立园区集约、高效、合理的用地机制，挖潜存量土地，提高利用效率，为产业链项目落地提供土地保障。要按照“布局集中、用地集约、产业集聚”的原则，做好园区的总体规划和产业发展规划，明确自身产业特点，对同源企业、同类企业、关联度较强的企业要有计划地放在同一园区，通过多种融资渠道，完善设施配套建设，壮大园区产业规模，加快发展特色产业园。

（二）转变政府行政理念与职能

为了更好地开展中山市招商引资工作，推动重大产业平台的发展，中山市政府必须摒弃旧有的全能政府主义理念。解放思想，更新观念，积极探索建立有限型、服务型政府，完善服务体系和质量，为招商引资工作建立良好的环境。一是从政府角度来看，上级政府要敢于授权、放权，针对重大产业平台所处环境和态势，有选择地下放审批权限、扩大授权范围，增强重大产业平台或镇街在招商引资过程中的自主性和灵活性。二是从政府的管理职能来看，在招商引资过程中要有进有退，在产业园区发展成熟后，让企业通过市场和社会自有力量解决问题，减少政府部门对企业和市场的过度干预，实现市场资源配置的自主化和自由化。三是借鉴先进地区经验，立足实际，认真研究国家宏观调控政策，在用足、用活、用好上级政策的同时，搞好政策创新，制定完善加快优势产业发展和做强做大龙头领军企业的扶持政策，努力营造最佳政策环境。要严格兑现政策，凡是约定的、公开的政策必须做到及时足额兑现。四是进一步精简审批事项，严格落实一次告知、首问负责、限时办结等制度，简化办事程序，提高办事效率。协调解决项目建设中的实际困难和问题，推动项目早开工、早投产。加强与企业的联系沟通，在融资担保、劳动用工、手续审批等方面增强服务的针对性，为企业发展提供优质高效服务。

（三）围绕龙头企业开展产业链招商

一是找准中山市重点发展的产业链方向，从而引进相关产业链中具有核心地位的龙头企业，并以之为基础进行辐射与延伸，从而建立全新的产业链条。二是在中山市已有产业链的基础上，在产业链某一或某几个特定环节具有项目优势或集群特点时，围绕现有产业链条的缺失环节，从纵向产业链的角度进行补充式招商。目的是实现产业链向上下游延伸，打造产业集群。三是通过寻找产业链条中缺失的高附加值环节，紧抓“微笑曲线”的两端企业，从科技、金融、信息化提升以及品牌引领入手，加强研发设计、品牌营销、金融、物流、信息等产业综合配套服务，打造全产业链，形成产业核心竞争力。目的是以龙头企业为主体，使产业价值链从单纯的生产制造向价值“微笑曲线”利润最高的两端延伸，从而提高产业链的平均利润率，如松山湖的华为产业链。四是突出企业招商主体地位，尤其要发挥龙头领军企业在品牌、信贷、资产、资金等方面的综合优势，重点把规模大、效益好的企业推向招商引资第一线，积极引进资金入股参股，开发和延伸产业链产品，膨胀企业规模，加快企业发展；积极引进先进技术，改造传统产业，发展新兴产业。

第二节　贵安新区顺势而为，拓宽路径“大”招商

一、基本情况

2020 年，贵安新区按照“建城市、聚人气，广招商、兴产业”的总体要求，把招商引业作为做大城市规模、做强实体经济的生命线，聚焦大数据电子信息、高端装备制造、大健康等主导产业，以引领性项目产业链招商为

重点，不断优化营商环境，全力以赴开展招商引资工作，取得积极进展。

贵安新区产业发展局数据显示，2020年，贵安新区共引进项目62个，完成全年任务的103%；总投资合计1 163.8亿元，完成全年任务的116.4%。新增重点产业到位资金202.28亿元，完成全年任务的101.14%；已开工项目31个，已投产项目10个。项目涵盖大数据、高端装备制造、大健康新医药、文化旅游、新材料、生态食品、现代服务业等主导产业。共引进各类500强企业32家，其中包括三大电信运营商、华为、恒力、苹果、腾讯、中航发、中粮、保利等25家世界500强企业，研祥、浪潮2家中国500强企业，迪信通、华彬、泰豪、群升、宏立城5家中国民营500强企业。在2020年引进的重大项目中，共有6个世界500强项目，包括总投资220亿元的恒力（贵阳）产业园项目、总投资90亿元的贵安新区万达综合项目、总投资30亿元的雪松控股集团贵安数据创新产业园项目、总投资11亿元的贵州省鲲鹏产业生态硬件产线项目、总投资10亿元的立邦新型环保建筑材料西部生产基地项目和总投资2.7亿元的中粮可口可乐饮料贵安新厂项目。①

二、主要特点

（一）建设“一个中心”，布局“四大板块”

贵安新区坚持“重点突破，全面推广”的发展方针，围绕大数据，力争用5～10年建成市场最活跃、技术最先进、产业链条最完整，国内领先、具有国际影响力的大数据基地。依托中国电信、中国移动和中国联通三大电信运营商的大数据中心项目，全力打造具备高科技、低成本、绿色节能等特点，并实现数据采集、分析挖掘、应用服务的大数据产业链集群。以三大电信运营商大数据中心项目为突破口，成功引入腾讯贵安七星绿色数

① 《贵安去年引进六个世界500强项目》，贵安新区网站，http://www.gaxq.gov.cn/xwdt/gayw/202102/t20210219_66766518.html。

据中心、华为七星湖数据存储中心、苹果 iCloud 中国（贵安）数据中心三家世界级企业数据中心项目落地。在此基础上进一步拓展大数据产业链招商，积极争取公安部大数据中心、人民银行金融大数据灾备中心和清算总中心战略灾备中心、中国邮政数据中心等重大项目。在大数据产业链聚集效应形成后，重点扶持和发展数据存储、数据加工和应用服务，形成数据存储、数据管理与处理、数据服务和数据安全保障四大产业板块。

（二）精准招商，做强产业磁场

贵安新区招商部门围绕大数据产业，积极开展“走出去、引进来”，锁定“招大引强”，发力“做强园区”，增强招商引资精准度和实效性。贵安新区通过党工委、管委会班子成员带队外出招商，成立重点行业招商办公室，成立驻外招商办，成立由综保区、大学城和四个乡镇组成的主体功能招商办公室等方式，全面发力招商引资，引进一批具有创新性、引领性、标杆性的大项目、好项目。设立营商环境管理办公室，统筹推进贵安新区营商环境建设管理、“放管服”改革、行政审批制度改革、投资项目审批制度改革、重点招商引资企业手续代办服务等方面的组织、协调、督办、落实等工作。建立重大招商项目一站式服务机制，由专职服务团队实现全程代办服务，搭建重大项目落地服务绿色通道。

（三）联动错位发展，个性化支持

贵安新区利用省部级联席会议制度，争取国家有关部委的支持，共同建设国家级的大数据基地。争取信息安全、智慧城市、两化融合等方面试点。坚持与贵阳市错位发展、联动发展。结合贵安新区的特点，重点围绕基础设施云服务、数据资源管理与公共服务、信息安全保障云服务，发展大数据应用。积极支持贵阳市在专业领域、智慧城市和民生保障业务方面的大数据应用。为投资较大，具有创新性、引领性的项目落户贵安新区提供“量身定制”服务，通过建立跟踪服务机制开展陪同服务，充分挖掘重大项目在审批过程中存在的问题和困难，采取更加优惠的措施，吸引企业项目落地新区。

三、经验启示

（一）强化主导产业招商

按照中山市产业布局情况，并结合《广东省人民政府关于培育发展战略性支柱产业集群和战略性新兴产业集群的意见》相关要求，围绕智能家电产业集群、生物医药与健康产业集群、高端装备制造产业集群、智能机器人产业集群、激光与增材制造产业集群、数字创意产业集群共六大产业集群，着力引进一批优强企业和制造项目，提高产业集聚度和影响力。注重招引龙头和标志性、引领性企业，实施重点产业链建链、强链、补链、延链，通过不断完善带动性强的优强企业配套，引进一批专精尖上下游配套关联项目（企业），提升集群本地化配套率。做强岐江新城总部经济招商，用好各类支持总部经济加快发展的政策措施，建立总部企业招商项目库，引进一批领军企业在中山设立知识含量高、产业关联度强、集聚带动作用大的综合型、区域型、功能型总部。在东区街道、石岐街道、火炬开发区等布局建设功能品质高端化、形象品牌国际化的总部经济发展集聚区，推动总部经济与先进制造业、高端服务业、高等院校、科研院所、楼宇经济协同融合发展。

（二）做好“招得来，落得下”

科学研究建立项目库，加强项目储备，统筹考虑中山市重大产业平台布局和重大项目选址，根据不同功能区域实行差异化招商、发展。强化招商引业项目库建设，力争每一个功能布局区域均有成熟的项目库储备，指导招商引业有的放矢，解决“招来落哪里”的问题。制订招商引资工作保障方案，按照“领导挂帅、部门负责、明确时限、责任到人”的原则，在全市各部门间形成工作合力，加快项目建设步伐，确保招商项目“招得来、落得快、建得好、服得优”。建立中山市招商工作动态管理平台，强化信息化统筹管理，动态反映招商项目进展情况，提高工作效率，实现工作精准调度。及时将引进企业纳入招商动态管理台账，确保招商引资工作咨询、受理、洽谈、评估、选址、建设等整个招商工作周期“可视化”推进，解决“招来怎么管”的问题。

（三）持续优化招商模式

坚持市领导带头，亲自赴省外开展招商推介、企业考察、项目洽谈，着力招大引强，引进一批产业链龙头骨干企业、企业总部、细分行业优强企业。同时由专责部门或机构紧盯全国优强产业园开发商和运营商，加大考察、对接洽谈力度，引进一批知名产业园运营商签约落地，实施产业园的投、融、建、招、管、营，全力打造一批龙头企业牵引、企业单品突出的产业园项目。尽快建立并完善中山市招商引资大数据平台功能，推动线上线下融合，围绕中山市主导产业和招商主攻方向，每年精选 200 ~ 300 家有效目标企业，通过对各类信息进行挖掘、分析，科学规划招商方案，实施精准对接、精准招引。市招商主管部门应更加注重产业链上下游配套联动，充分调动企业主体、企业家朋友圈、商协会、行业协会和其他经济组织等力量参与招商的积极性，制订“以商招商”工作方案，建立企业常态化招商服务沟通机制，搭建“以商引商”数据库，构建“政府推动、企业主动”的“以商招商”新格局。

第三节　株洲高新区招商“不断档”、产业“不断链”

一、基本情况

2020年，株洲高新区升级招商政策，出台《关于促进产业链招商和产业配套的十二条政策措施》，围绕产业链核心企业、龙头企业，充分调动链上企业的积极性，着力做好产业链建链、强链、延链、补链的文章，注重从项目招商向产业链招商的转变。全年共签约项目162个，其中产业项目128个，累计合同引资额460亿元，完成全年任务目标的110%。新引进投资额亿元以上项目48个，5亿元以上项目17个，10亿元以上项目12个。同时，立足株洲高新区基础和优势，以转变发展方式、调整产业结构为宗旨，着力提升区域核心竞争力，全力推动以产业链为核心的产业招商，助推株洲高新区打造招商新引擎，实现区域新发展。2021年第一季度，株洲高新区新签项目30个，其中1亿元至5亿元项目12个，5亿元以上至10亿元项目6个，10亿元以上至30亿元项目1个，30亿元以上项目2个。

二、主要特点

（一）完善招商体制，调整招商机制

为打造招商新局面，株洲高新区成立了招商工作领导小组并设立汽车及新能源汽车产业促进工作组、轨道交通及通用航空产业促进工作组、电子信息产业促进工作组、新材料产业促进工作组、新能源产业促进工作组和现代服务产业促进工作组。针对每一个重点产业实行“七个一”的工作体制，即确定一个牵头领导、组建一个专业运营机构、落实一套工作推进方案、制定一套专项扶持政策、建立一个专业项目库、成立一支专业招商队伍、实施一套考核激励机制。

（二）招大挖潜，实施产业链精准招商

株洲高新区于2020年开展“营商环境优化年”和“产业项目建设年”等活动，确定8条重点产业链，围绕产业链建立起一个庞大的项目“朋友圈”，让关联项目间横向成群、纵向成链、上下互动、左右配套，形成“1 + 1 >2”的效果，其内生张力进一步推动产业链的高质量发展。实行链长负责制、链办主任主抓制，积极探索全过程抓产业招商、项目建设、竣工投产、后期服务，全链条抓研发、制造、配套、市场开拓、后市场服务。在8条重点产业链均建立了产业链联合党委和行业协会，并分别开展了交流会、政银企对接会等活动，实现多方共同发力、同频共振，助推产业发展。

（三）升级招商政策，出台配套措施

2020年10月，株洲高新区出台《关于促进产业链招商和产业配套的十二条政策措施》，围绕产业链核心企业、龙头企业，充分调动链上企业的积极性，着力做好产业链建链、强链、延链、补链的文章，注重从项目招商向产业链招商的转变。在各重点产业链设立推进办公室，负责编制完成产业链“全景图”和“现状图”，完善产业链招商项目库、客商库，按照年度工作计划邀请联点株洲市领导外出考察招商，了解重点招商对象情况及需求，深入接洽投资意向。

三、经验启示

（一）精准招商，构建完整产业链条

产业发展，离不开项目支撑，但在项目招商上并不是一味招大引强，而是瞄准产业价值链中高端，招大挖潜并重，进行强链、补链型的精准招商。按照“建链、强链、延链、补链”的目标，梳理出与中山市重点产业

集群和产业链相匹配的世界500强、中国500强、民营500强、央企以及行业领军企业名单，开展“点对点”、有针对性的招商。紧盯产业链条，开展“以赛促招”等活动，通过“比项目建设，看推进力度”“比全年任务，看完成进度”的“双比双看”竞赛活动，激发招商人员工作热情，对招商引资先进产业链和优秀个人给予奖励，形成你追我赶的产业链招商氛围。

（二）“一链一党委”，全链条帮扶

为做强做大中山市新兴优势产业链，深化产业链强链、延链、补链工作，可以在中山市重点产业链上成立联合党委，把党委建在产业链上，让地域相近、产业和行业相同的党委（党组）和党员组织、动员起来，形成“一核多元”党建体系。由产业链牵头部门的主要领导担任第一链长，各链上主要企业负责人担任联合党委书记，副书记和党委委员均在链上企业主要负责人、专家教授中产生，政企联合，高位推动、高位协调、高位督办。以产业链为单位，把在产企业、招商项目、在建项目分到各产业链，将招商引资行动与产业链建设一体推进。

（三）优化招商服务，创新招商模式

坚持以产业链招商为核心进行产业招商，围绕中山市特色产业集群和重点产业链中的重大项目，形成“一个项目、一名领导、一套班子、一抓到底”工作机制。定期召开项目预审会、决策会，对项目建设落地面临的问题“对靶”施策、精准发力。成立项目困难问题协调服务专班，建立快速反应机制和要素保障长效机制，招商部门及时汇总困难问题，分门别类后确定责任主体，进行协调、落实。积极探索投资项目报建审批改革，通过研发、制造、配套、市场开拓、后市场服务的全链条帮扶，促使企业以轻资产快速入驻，先投产再拿地，真正实现“拿地即开工”。

第十一章 国外特色产业园区发展特点与经验借鉴

第一节　英国剑桥科学园

一、基本概况

英国剑桥科学园位于英国东南部的剑桥郡，英国的东南部是世界公认的最重要的技术中心之一，有着不可比拟的研发和创新纪录。该地区的 GDP 占全英国的 15.8%，研发开支占该区 GDP 的 3.4%，久负盛名的剑桥大学也坐落于此，是该地区研究活动的核心。目前已聚集了 100 家以上的国际知名高科技企业，行业集中在计算机硬件和软件、科学仪器、通信业领域等。该园区已成为英国电子信息产业技术中心，是世界最著名的高科技园之一。

剑桥科技园区的经济发展创造了“剑桥现象”，在过去的 30 年中，科技园区每年不断增加 5 000 个就业机会，园区平均每年的国民生产总值增长率达到了 6.3%，大大高出英国 3.4% 的国民生产总值增长率。累计为英国创造税收 550 亿英镑，出口总值达到了 280 亿英镑。①

二、园区特点

---

① 《剑桥科技园：依托大学，成为世界上最重要的创新中心之一》，搜狐网，http://www.sohu.com/a/483566001_121123890。

（一）由剑桥大学主导建立，形成了“剑桥现象”

1970 年，在剑桥大学的主导下科学园成立，目标是激励本校大学生与产业界建立联系，加强成果产业化及基础研究的回报。1986 年剑桥创新中心成立，以满足日益增多的企业需求，吸引了英国最大的 VC 公司进入园区。1990 年以后，剑桥科学园步入成熟阶段，开始为企业提供专业服务，并建立企业孵化器，同时社会风险资本与募投机构快速增长。园区内企业主要集中在信息技术及生物制药两大领域，同时还形成了部分专业的咨询服务公司，均属于附加值较高的行业。良好的企业孵化环境聚集了大量的初创型企业，且现有的企业以中小型企业为主，30% 的企业只有不到 5 名员工，70% 的企业拥有不到 30 名员工。目前已进驻的国际知名企业包括东芝、飞利浦、拜耳、Polatis 等。

（二）剑桥科学园管理中心独立运作，分别管理

剑桥大学在推动园区发展的同时，成立了剑桥科学园管理中心，并将其以独立实体的方式进行市场化运作，由管理中心负责园区日常管理及运作，并针对不同的环节成立了相应的服务中心，更好地对园区内各类企业开展全流程管理服务。在产业研究方面，成立了产业合作研究机构，设立专职服务于产业的科研岗位，接受专业委托的科研任务，并由产业机构支付薪酬和提供研究资金。在成果转让方面，成立沃夫森产业联络办公室，该机构旨在明确并保护任何个人、团体的专利权，并鼓励科学知识产权的转让。在创业融资方面，成立了圣约翰中心，旨在为科研项目提供短期的小额贷款，并奖励园区内具有创新性质的科研项目。在技术服务方面，成立了剑桥技术服务公司，由该公司代表剑桥大学同产业界进行谈判、签署协议，并以大学的科研成果入股，进一步利用产业公司的金融优势完成上市融资。在企业服务方面，成立了剑桥企业中心，该中心的目标是在剑桥大学内建立一种企业文化，并在新的知识型企业创建过程中提供帮助。

（三）利用全球资源形成产业聚集

剑桥科学园通过三个方面支持企业在园区内形成产业聚集，包括全球专业组织的入驻、鼓励跨国公司在园区内成立子公司、支持园区内企业与剑桥大学成立联合实验室。如与美国微软公司合作建立了“微软研究实验室”，与日本日立公司合作建立“日立剑桥实验室”等。剑桥科技园将生产要素和创新资源有效地结合起来，通过组织产业集群的分工协作，对新入驻的企业以产业群为导向分配进对应的专业化园区。建立集群学习机制，鼓励人才流动，发展咨询培训等中介服务机构，促进知识传播，推进产业集群转型升级。随着新公司、人才和投资被吸引到该地区，科学园和一系列高增长技术公司的存在可以刺激创造就业机会和区域经济增长。与此同时，区域经济的增长使企业可以接触到更多种类的供应商、技术专长人员和潜在的商业伙伴，进一步推动了园区内各类企业的快速发展壮大。

三、经验借鉴

（一）强化园区管理体制创新

剑桥科学园管理中心通过分设不同的部门与机构，创新管理体制机制，帮助科学园顺利度过成立初期并协助其发展壮大。一是强力维护园区内各类知识产权安全，通过设立相应的制度与规定，实现知识创新成果的传播和应用。二是提高政府行政效率并完善园区服务体系，除了基本的产业功能外，当地政府还积极开拓行政管理、社会服务、市政配套等多方面的政府职能，包括金融、信息、科技贸易与房地产等。三是搭建服务平台培育科技创新企业，包括公共科技资源平台、专业技术载体、公共技术平台等，通过上述服务平台大量引进优质的中小型创新企业。建立集企业、中介机构、高校、研究机构、市场反馈、孵化器于一体的相互联系、互为支撑的产业服务网络，打造集创新知识再造、研究与实验、技术开发、产业化于一体的具有高科技园区特色的第三产业体系。并引进标志性的科研院所、研究机构和企业研发中心，鼓励人才流动，发展咨询培训等中介服务机构，促进知识传播，最终形成一批具有自主知识产权的技术成果。

（二）支持专利产业化，衍生产业公司

剑桥大学作为创新源头，通过制定一系列的制度政策，鼓励科研成果向校外转移、向市场转让，从而最终实现科技园自身造血功能。一是支持科研专利转化，通过成立沃夫森产业联络办公室，鼓励本校知识产权的转让，对学校应该分成的那部分收入，制定了“抓大放小”的分配政策，分配比例如：所得数额1万英镑以下，发明者90%、院系5%、大学5%；1万~3万英镑（不含）：发明者70%、院系15%、大学15%；3万~5万英镑（不含）：发明者50%、院系25%、大学25%；所得数额超过5万英镑，发明者、院系、大学各三分之一。二是创办和衍生产业公司，在通过技术服务公司实现产业转化的同时，推动学校科研领域与产业界开展广泛合作，包括产业界人士到学校举办讲座、进行授课，学生到公司实习、兼职等；教研人员为产业提供咨询服务、讲学或应聘加入企业的专家委员会；设立提供产业支付薪金和研究资金的科研岗位；接受产业委托的科研任务，签订研究合同，取得合同收入或科研赞助等形式的经济回报等多种方式。

第二节　新加坡裕廊工业区

一、基本概况

新加坡裕廊工业区位于新加坡岛西南部的海滨地带，距市区10多千米，面积超过60平方千米。1961年政府计划在裕廊划定64.80平方千米土地发展工业园区，并拨出1亿新币进行基础建设。1968年园区内的厂房、港口、码头、铁路、公路、电力、供水等各种基础设施建设基本完

成，同年6月政府成立裕廊镇管理局（JTC），专门负责经营管理裕廊工业区和全国其他各工业区。经过60余年的发展，裕廊工业区已形成了完整的石油和化学工业体系，以石油化工、修造船、机械工程、现代物流等为主导产业，成为新加坡最大的现代化工业基地，是全球第三大石油炼制中心和全球十大乙烯生产中心之一。目前有超过一百家全球大型石油、石化和特种化工企业在裕廊工业区设有工厂，包括壳牌、埃克森美孚、杜邦、巴斯夫等诸多世界级石油化工巨头企业，产业涵盖炼油、化工、仓储、物流等石化产业链的各个环节。[①]

二、园区特点

（一）政府主导的开发运营模式

裕廊工业区的开发运营主要是由政府垄断。不论是在最初的管理机构——经济发展局，还是在后来从经济发展局独立而出的裕廊镇管理局的管理之下，新加坡裕廊工业园区的公共物品特性很强。在整个开发过程中，裕廊工业园区的资金筹集、土地运用、招商引资等均采用一级政府统一规划，专业化分工建设、管理和服务协调相配合的发展模式。新加坡政府根据法律制度来安排土地的开发利用，由JTC统一控制全国工业用地和各类园区的供给，园区由经济发展局遍布世界的专业招商队伍负责统一招商，从而保证园区内项目能够快速启动并尽快达到规模经济，快速并以较低成本获取私人土地，有效吸引跨国公司的投资，园区的竞争对象在国外而不在国内，园区之间没有恶性竞争。

（二）在全球范围开展招商

裕廊工业园区采取公司总部统一招商策略，由经济发展局统一招商，

---

① 《产业地产模式：裕廊工业园模式解读》，搜狐网，http://www.sohu.com/a/253698605_100117214。

在世界各地设立分支机构。经济发展局主要的招商客户群体有三类，分别是：战略性公司，重点吸引其财务、市场等重要部门至园区内；技术创新型公司，重点吸引其核心产品及技术研发部门至园区内；公司的重要部门，重点吸引其最复杂的生产程序和最先进的生产技术部门到园区内。通过这三类公司的引进，裕廊工业园区不再仅仅是一个低成本的生产中心，而是公司进行战略运作的长期基地。此类招商模式使得裕廊管理局拥有高度的营销自主权，能够为大型跨国公司提供优质的服务，并基于此创立了新加坡招商引资的“一站式”服务模式。

三、经验借鉴

（一）政府主导，市场化运作

在裕廊工业区开发运营的早期阶段，新加坡采用了政府垄断开发的制度安排，具有一定的超自主性质。1968 年 6 月 1 日，经济发展局工业园区部被独立出来，成立裕廊镇管理局，主要职能为发展和管理土地、园区、不动产、城镇和国外用于工商业发展的地产，以及为工商业发展提供便利条件。管理局实施企业化运营，自负盈亏，有很强的自主权，是一个半官方机构。促使园区管理充分引入市场机制，进一步完善园区服务体系，提高园区管理效率，由此形成“一站式”服务体系、亲商文化等裕廊模式下的特色产品。进入 21 世纪后，裕廊镇管理局进行了改组，成立裕廊集团，下设腾飞公司、裕廊国际、裕廊港三个全资子公司。改组后，裕廊集团的经营运作更加企业化，采取独立核算、自负盈亏的公司化经营模式，主要经济来源是土地租金，裕廊集团与企业之间主要是租赁、买卖和服务等市场化关系。行政性的监督和管理也以引导和服务为主，工业区对市场的反应更加灵敏，并在吸引、挽留和激励人才方面更具灵活性。

（二）科学规划，综合发展

新加坡政府从一开始就将裕廊工业区定位为全面发展的综合型工业区，合理妥善地规划。根据地理环境的不同，将靠近市区的东北部划为新兴工业和无污染工业区，重点发展电子、电器及技术密集型产业；将沿海的西南部划为港口和重工业区；将中部地区划为轻工业和一般工业区；沿裕廊河两岸则被规划为住宅区和各种生活设施。为充分发挥裕廊工业区的综合功能，新加坡政府于 1969 年 9 月在裕廊码头内设立自由贸易区，使裕廊工业区既是工业生产基地，同时也是转口贸易的活动场所。新加坡政府为高效、迅速改善裕廊工业区营商环境，特地建成了总长达 100 多千米的区内现代化公路网、发电量占全国一半以上的裕廊电厂、裕廊港码头、自来水厂以及三百多幢标准厂房等。同时，裕廊工业区还兴建了学校、商场、体育馆等各种社会服务配套设施，成功将生产、商务、生活、娱乐、休闲区域融为一体，充分满足了园区内人才的多方位需求。

（三）重视自主创新能力

裕廊工业区重视入区企业的研发创新能力，由新加坡政府主导，建立了多个产业研发机构，通过企业、科研机构、高校三者相互合作，产学研相结合，增强自主创新能力，在南洋理工大学、新加坡国立大学和新加坡科技与设计大学建立三个研究中心，加强研究机构和 JTC 之间的研究合作；同时引进各国不同领域的精英，融合不同思维方式激发创新，使工业区紧跟世界产业发展趋势。此外，工业区紧紧抓住各阶段的发展机遇，通过转方式、调结构，使产业从初期的传统加工业逐步转向发展电子、通信、生物医药等高科技产业，提升了产业的发展质量和效率。进入 21 世纪，裕廊工业区定位于以信息业为中心的知识密集型经济，政府投下巨资支持研发和创新，于是集生活、学习、工作、娱乐、休闲为一体的知识城（如纬壹科技城）开始出现。

第三节　新加坡启奥生命科学园

一、基本概况

新加坡启奥生命科学园于2000年开始筹备，发展目标定位为世界级的生物医药科学研发中心、专业的生物医药国际会展会议中心、生命科学与生物产业的管理中心以及生命科学与生物产业的风险投资中心。园区位于纬壹科技城内，占地面积20万平方米，建筑面积约100万平方米，占纬壹科技城面积的10%。同时园区处于新加坡心脏地带，离新加坡主城区20分钟车程，临近新加坡国立大学和南洋理工大学两所国际顶尖学府，并集中了7个生命科学领域研究院和重点实验室，研究人员数量超过2 000名。启奥生命科学园已经历五期建设，第六期于2022年完成。启奥生命科学园的成长与新加坡生物医学科学激励计划（the Biomedical Sciences Intiative）的不断落实息息相关，通过构建完善的产业孵化体系以及宜居的园区环境，向新加坡BMS计划的终极愿景——亚洲生物城迈进。

二、园区特点

（一）政府支持打造医药研发“圣地”

由新加坡政府主导，通过设立专门的产业转化协调组织，以政府产业基金引导投资，完成园内科研和技术商业化的关键一步——产业孵化。并在启奥城内设立国家科学技术研究局，促进产业与学术研究之间的联系，对园区内产业项目进行认证、资金资助、园区资源协调等工作，帮助企业顺利落地。同时，新加坡政府每年会在生物医学的研发领域投入约15亿新币，并额外拨款37亿新币用于研发基础设施建设。在新加坡设立国际或区域总部的生物医药企业，可享受低至15%的企业税收优惠；按合格建筑物或构建物施工、改建或扩建的合格资本支出，新加坡政府为企业提供初期25%免减税，以及其后每年5%免减税等。目前新加坡已聚集了包括葛兰素史克、默沙东、艾伯维、诺华、辉瑞、罗氏、赛诺菲、安进等在内的大量全球顶尖药企，这些企业均把新加坡设立为亚太地区总部，并投入大量资金在园区内建立了大型制造工厂和研发中心。

（二）完善的产、学、研转化体系

启奥生命科学园充分发挥技术交流分享平台作用，加速科研成果从研发到临床以及进一步商业化的进程，形成了从上游研发到下游开发的完整产业创新链。园区内公共技术平台拥有从临床研究、小试、中试到量产的全研发周期基础设备，涉及结构生物学、药物基础及科学、影像及其他支持、临床前试验四大类共20多项公共技术服务，以租赁形式提供给园区内的企业。同时，新加坡政府搭建多元主体合作平台，促进跨国公司、本土企业、高校与公共机构合作，推动科研成果转化。例如，罗氏与新加坡各类科研医疗机构合作成立转化医学中心，拜耳医药与保健公司和新加坡国立大学合作推进拜耳一体化转化临床网络项目，诺华制药公司与新加坡经济促进局共同投资成立诺华热带疾病研究所等，激发了新加坡生物医药产业创新研究的活力。

三、经验借鉴

（一）统筹规划，优化发展

作为生物医药产业发展的重要依托，生物医药园区的发展路径一直连接着国家和地方的政策引导和战略规划。一是在国家层面，政府不断选择产业基础好、创新能力强、营商环境优、开放度高的区域，扶持建立生物医药产业园区；二是在地方层面，各地政府逐渐加强顶层设计，规划先行，通过制订产业规划、产业政策，引导产业集聚，促进各地形成具有特色的生物医药产业园区。2000 年新加坡政府提出为期 15 年的 BMS 计划，分为构建产业基础（2000—2005 年）、增强转化与临床研究能力（2006—2010 年）、抓住机遇以扩大在经济与卫生领域的影响力（2011—2015 年）三个阶段实施，意在打造全球医药与医疗技术制造基地和全球人类健康领导中心。

（二）政府扶持，招引人才

新加坡政府促进生物医药产业发展的特色之一就是“借船出海，借鸡生蛋”，从世界各国和地区招揽人才为己所用。自 1990 年以来，新加坡政府广纳贤才，从世界各地大举引进专业化人才。为了吸引优秀研究人员，新加坡政府提供诸多优惠条件，包括优惠合同、低税收、舒适的生活和工作环境、高薪、假期、住房补贴、子女入学补助、配偶工作等，并鼓励这些人才加入新加坡国籍。在本土人才培育方面，新加坡政府推出“生命科学人力开发计划”，鼓励更多医药领域的人才投身于生命科学领域的研发工作。同时提供充足的奖学金供本国成绩优秀的学生到国外名校就读医学院，待毕业后回国服务。据不完全统计，新加坡研究领域里的外来人才占比达到了 70% ~80%，大量生物医学优秀人才的到来，大大提升了新加坡在生物技术研究领域的水平，同时又促进和推动了人才的交流，是新加坡生物医药产业走向亚洲前列的关键所在。

（三）加大招商引资力度，形成产业聚集

自 1991 年以来，新加坡经济发展局以资金入股的形式累计投入 4.36 亿新币，支持了大小近百家公司，有力地促进了产业规模的形成。而直接投资办加工企业，是发展生物医药产业的另一种尝试，2002 年经济发展局投入 1.5 亿 ~2 亿新币建成了本地最大的生物制品生产企业，以生产克隆抗体为主，为主要制药公司提供原料和服务，包括培养、纯化、分析测试

和质量控制等。通过政府引导、外援政策、技术创新、产能转化等方式，吸引世界级药企入驻园区建立研发机构，并推动各企业之间进行合作，扩大研发覆盖范围，形成产业集群优势。